어린이 삼국사기 ①

어린이 삼국사기 편찬위원회 글 | 최수웅 그림
한국역사연구회 추천 및 감수

주니어김영사

머리말

《어린이 삼국사기》를 읽는 어린이들에게

자랑스러운 민족 문화를 깨닫는 첫걸음

 우리가 조상들의 삶을 알 수 있는 것은 우리에게 남아 있는 유물과 유적을 보고서 가능하지요. 그 중에서도 글로 남아 있는 책은 정말 소중한 역사 유물입니다.

우리나라 역사에 관심을 갖게 되면, 조상들이 훌륭한 민족 문화를 지켜 온 것에 대해 저절로 자랑스러운 마음이 생기고 뿌듯해진답니다. 만일 조상이 잘못한 점을 발견하게 되더라도, 우리는 다시 그런 잘못을 되풀이하지 않도록 조심하면 됩니다.

이러한 점에서 이번에 새롭게 엮은 《어린이 삼국사기》는 어린이들이 우리 역사에 관심을 가질 수 있도록 알기 쉽게 꾸몄어요. 《어린이 삼국사기》는 고구려, 백제, 신라 때의 왕들과 충신들 등이 나라를 다스릴 때에 일어났던 일을 중심으로 엮은 거예요.

《어린이 삼국사기》를 통해서 우리 조상들이 어떻게 살았고, 무슨 생각을 했는가를 알게 될 거예요. 그것이 바로 우리의 자랑스러운 민족 문화를 깨닫는 첫걸음입니다. 아울러 우리의 역사를 이해하면서 우리의 마음과 눈은 좀 더 넓어지고 깊어질 겁니다.

어린이 삼국사기 편찬위원회

인물의 삶으로 읽는 역사의 큰 흐름

우리는 현재를 살고 있으며, 마땅히 현재에 충실한 삶을 가꿔야 합니다. 그런데 현재는 홀로 존재하는 것이 아니라, 과거와 떼려야 뗄 수 없는 밀접한 관계입니다. 따라서 과거, 즉 역사를 알아야 비로소 현재를 온전하게 살아갈 수 있어요. 그런데 역사를 따분하고 어렵게 생각하는 어린이들이 많아서 우리나라 역사에 대해 제대로 알지 못하는 어린이들이 많아요.

이번에 주니어김영사에서 출간한 '처음 읽는 우리 역사' 시리즈는 주요 역사서를 기본 토대로 인물 중심으로 역사를 구성했어요. 인물을 중심으로 한 구성은 인물의 삶에 동화되어 역사의 흐름을 실감나게 느끼도록 해 주지요. 게다가 인물의 삶에 드러난 역사의 흐름을 조목조목 짚어 주어, 어린이들도 쉽게 역사적인 사실을 알 수 있습니다.

어린이들이 이 시리즈를 통해 역사에 더욱 가까이 다가가고, 그로 인해 모든 사람들의 노력이 결실을 맺으리라 믿습니다.

한국역사연구회

차례

어린이 삼국사기 1

나라를 세우고 다스린 왕들

- 삼국사기에 대하여 _8

고구려를 세운 고주몽
- 알에서 태어나다 _10
- 고구려를 세우다 _13
- 송양왕을 이긴 주몽 _16
- 아버지를 찾아온 유리 _18

소금 장수에서 왕이 된 미천왕
- 비참하고 고된 생활 _22
- 왕이 되다 _27

나라의 영토를 넓힌 광개토 대왕
- 백제를 무찌르다 _30
- 무릎을 꿇은 아신왕 _37
- 후연을 물리치다 _42

백제를 세운 온조
- 새로운 땅을 찾아 떠나다 _44

백제 중흥에 힘쓴 무령왕
- 아버지의 원수를 갚다 _48
- 백제의 황금기 _50

백제의 마지막 왕 **의자왕**
해동 증자라 불리다 _54
충신 성충의 죽음 _57
나당 연합군의 공격 _61

신라의 왕이 된 **박혁거세**
나라를 밝게 비추는 아이 _64
입이 뾰족한 아이 _68

삼국 통일의 터를 닦은 **진흥왕**
화랑도를 만들다 _70
신라의 꿈을 펼치다 _73

백제를 멸망시킨 **태종 무열왕**
김유신의 동생과 결혼하다 _80
눈부신 외교 활동 _84
드디어 왕위에 오르다 _89

삼국 통일을 이룩한 **문무왕**
당나라 군사들을 몰아 내다 _92
나라를 지키는 바다의 용이 되다 _96

미륵불의 화신 **궁예**
애꾸눈이 된 왕자 _98
왕의 꿈을 이루다 _102
비극적인 최후 _106

백제 부흥을 꾀한 **견훤**
호랑이가 젖을 먹인 아이 _108
백제 재건의 깃발을 세우다 _111
아들들이 재촉한 최후 _116

삼국사기에 대하여

하나, 《삼국사기》는 어떻게 만들어졌나요?
둘, 《삼국사기》는 어떻게 이루어져 있나요?
셋, 《삼국사기》의 내용은 무엇일까요?
넷, 《삼국사기》를 지은 김부식은 누구일까요?
다섯, 《삼국사기》의 특징은 무엇일까요?

하나, 《삼국사기》는 어떻게 만들어졌나요?

《삼국사기》는 우리 조상들이 남긴 역사책 중에서 가장 오래된 책이에요. 만약 이 책이 없었다면 우리나라의 고대 역사를 아는 건 정말 어려웠을 거예요.

동양에서는 왕조가 망하면 그 다음 왕조에서 전 왕조의 역사를 편찬해 왔어요. 고려에서는 후삼국을 통일한 후 새로 세운 고려 왕조의 정통성을 보여주기 위해 《구삼국사》를 만들었어요. 《구삼국사》는 고구려를 중심으로 고대 사람들의 생각을 그대로 기록했을 것으로 보고 있어요. 고려 시인 이규보가 《구삼국사》의 내용을 바탕으로 〈동명왕편〉을 썼다고 한 데서 알 수 있어요.

《삼국사기》는 고려 인종 때 왕의 명령으로 김부식이 중심이 되어 만들었어요. 고구려, 백제, 신라의 역사를 기전체(개인의 전기를 모아서 한 시대의 역사를 구성하는 것으로, 역사책을 편찬하는 방법 중 하나)로 정리한 역사책이에요.

그런데 고려 초기에 편찬한 《구삼국사》가 있는데 왜 다시 《삼국사기》를 만들었을까요? 그것은 고구려를 이어받자는 생각을 바탕으로 해서 일어난 '묘청의 난' 때문이었어요. 나라에서는 묘청의 난을 진압한 후 그들의 주장이 옳지 않다는 것을 밝히기 위해 《삼국사기》를 쓰게 된 것이지요.

《구삼국사》는 고구려를 이어받아 고려를 세웠다는 것을 강하게 드러낸 책이었어요. 처음에 이렇게 쓴 것은 신라와 고려를 뚜렷하게 구분하기 위한 것이었어요. 하지만 후삼국을 통일한 뒤에는 고려가 고구려를 이어받았다는 것을 계속 내세우면 문제가 생기게 돼요. 왜냐하면 통일신라 시대에 후백제, 후고구려가 각각 백제와 고구려를 내세우고 나라를 세운 것처럼 고려 시대에도 옛 신라와 백제 땅에서 분열이 일어날 수 있거든요.

그래서 새로운 역사 의식이 필요하게 되었어요. 《삼국사기》에서는 고구려, 백제, 신라를 모두 '우리'라는 표현으로 쓰고 있어요. 이것은 고려가 삼국을 모두 이어받았다는 것을 보여주려는 것이었어요.

고구려를 세운
고주몽

유화는 알을 잘 싸서 따뜻한 곳에 놓아 두었습니다.
그러던 어느 날, 알의 껍질이 저절로 깨지고 한 사내아이가 태어났습니다.
아이는 태어난 지 얼마 되지 않아 말을 하고 일곱 살에는 혼자서 활과 화살을 만들었습니다. 아이가 활을 쏘면 백발백중이라 주몽이라 불렀습니다.
부여에서는 활 잘 쏘는 사람을 주몽이라 했습니다.

❀ 알에서 태어나다

동부여를 다스리던 금와왕은 태백산(지금의 백두산) 남쪽 우발수에 갔다가 한 여자를 만났습니다.

"당신은 누군데 이런 곳에 있습니까?"

"저는 유화라고 합니다. 하백의 딸이지요."

비록 지치고 초라한 모습이었으나 유화에게는 기품이 흘렀습니다.

"스스로 하늘의 아들이라 하는 해모수를 만나 사랑을 했으나 부모님의 반대에 부딪혀 쫓겨났지요."

금와왕은 유화를 불쌍히 여겨 궁궐로 데리고 갔습니다.

유화가 있는 방에는 햇빛이 늘 비추었습니다. 유화는 햇빛을 피하였으나 햇빛은 언제나 유화를 쫓아다니며 비추었습니다.

그 뒤 유화는 점점 배가 불러 오더니, 마침내 크기가 닷 되나 되는 큰 알을 낳았습니다.

"사람이 알을 낳다니, 별로 좋지 못한 일이다. 이 알을 내다 버려라."

금와왕의 명령에 따라 신하는 알을 돼지우리에 버렸으나 돼지는 알을 짓밟기는커녕 따뜻하게 보살폈습니다. 또한 마구간에 버렸더니 말들이 알을 피해 다니며 정성스럽게 돌보았습니다.

이번에는 알을 깊은 산 속에 갖다 버렸더니 새와 산짐승들이 번갈아 가며 알을 품어 보호했습니다.

금와왕은 알을 깨라고 명했습니다. 그러나 힘센 장사가 도끼로 내리쳐도 알은 쪼개지지 않았습니다.

금와왕은 신이 내린 알이라 생각했습니다.

"어미에게 그 알을 가져다 주도록 하여라."

유화는 알을 잘 싸서 따뜻한 곳에 놓아 두었습니다. 그러던 어느 날, 알의 껍질이 저절로 깨지고 한 사내아이가 태어났습니다. 아이는 태어난 지 얼마 되지 않아 말을 하고 일곱 살에는 혼자서 활과 화살을 만들었습니다. 아이가 활을 쏘면 백발백중이라 주몽이라 불렀습니다. 부여에서는 활 잘 쏘는 사람을 주몽이라 했습니다.

주몽은 똑똑하고 체격이 크고 재주가 뛰어났습니다.

🌼 고구려를 세우다

주몽은 금와왕의 일곱 아들과 함께 무예를 익히고 사냥도 했습니다. 금와왕의 일곱 아들은 재주가 뛰어난 주몽을 따라가지 못했습니다.

맏왕자 대소는 이런 주몽을 눈엣가시처럼 여겼습니다.

"아버님, 주몽은 태어난 것도 특이한데다 너무 똑똑합니다. 재주가 비범하여 아무도 따라갈 수 없고요. 주몽을 일찌감치 없애지 않으면 나라에 안 좋은 일이 생길 것이옵니다."

그러나 금와왕은 주몽을 죽이지 않고 목장에 나가 말을 돌보게 했습니다.

주몽의 이름이 나라 안에 점점 널리 알려졌습니다. 그럴수록 대소는 불안해졌습니다. 대소는 주몽을 죽이려는 계획을 세우기 시작했습니다.

주몽의 어머니 유화는 대소의 음모를 눈치챘습니다. 어느 날 밤, 유화는 아무도 모르게 주몽을 불렀습니다.

"주몽아, 오늘 밤 안으로 이 곳을 떠나라. 여기 있다가는 언제 죽을지 모른다. 너는 재주와 지략이 뛰어나니 어디를 가더라도 잘 해 낼 것이다."

주몽은 선뜻 발길이 떨어지지 않았습니다.

"지체 말고 어서 떠나야 한다. 나와 네 처는 염려하지 마라. 네가 살아 있다면 우리를 죽이지는 못할 것이다."

"우리는 걱정 말고 어서 가세요."

옆에 있던 주몽의 부인 예씨가 떨리는 목소리로 말했습니다.

"내가 혹시 못 돌아오면······."

주몽은 허리에 차고 있는 짧은 사냥칼을 빼내 칼을 부러뜨려 두 동강을 내었습니다.

"이 칼을 일곱 모가 난 돌 위의 소나무 밑에 숨겨 두겠소. 사내아이가 태어나거든 이 칼을 찾아서 나에게 오게 하오."

주몽은 급히 떠날 채비를 했습니다. 평소에 주몽을 섬기던 오이, 마리, 협보가 주몽의 뒤를 따랐습니다. 네 사람은 말을 타고 어두운 밤길을 정신 없이 달렸습니다.

주몽 일행은 엄사수 강가(지금의 압록강 동쪽 지역)에 이르렀습니다. 그러나 배가 없어 강을 건널 수 없었습니다. 멀리서 대소가 보낸 말발굽 소리가 들려왔습니다.

주몽은 말에서 내려 강을 바라보다가 무릎을 꿇고 앉았습니다.

"저는 천제의 아들이요, 하백의 외손자입니다. 저를 잡으려는 자들이 바로 뒤에 오고 있는데, 가만히 보고만 계십니까?"

그러자 거북 수백만 마리가 물 속에서 나와 다리를 놓았습니다. 주몽과 세 사람은 말을 탄 채 거북의 등을 밟고 강을 건넜습니다. 대소의 추격대가 강가에 도착했으나 주몽 일행은 이미 강 저 쪽에 건너가 있고 센 물살이 흐르고 있었습니다. 주몽과 세 사람은 밤낮을 가리지 않고 달려 졸본천에 이르렀습니다.

"이 곳은 땅이 기름지고 아름답구나. 또한 주변이 험하고 견고하니 여기에 도읍을 정하도록 하겠다."

주몽은 나라 이름을 고구려라 하고 자신의 성을 고씨로 했습니다. 주변에서 주몽을 따르는 사람이 점점 많아져 고구려는 점점 큰 나라가 되었습니다.

송양왕을 이긴 주몽

주몽은 주변의 나라들을 돌아보려고 신하들과 함께 말을 타고 비류수로 향했습니다. 주몽이 비류수에 이르러 잠시 쉴 때였습니다. 무엇인가가 물에 떠내려왔습니다. 채소 잎이었습니다.

"채소 잎이 떠내려오는 것을 보니 위쪽에 사람이 살고 있는 게 분명하오. 한번 찾아가 봅시다."

주몽은 말에 올라 비류수를 따라 올라갔습니다. 그 곳은 비류국으로 송양왕이 다스리고 있었습니다.

"과인은 바닷가 한 구석에 살았기 때문에 그대를 본 적이 없소. 만나 보니 반갑기는 하나 나는 그대가 어디서 왔는지 알지 못하오."

"나는 주몽이라 하오. 고구려의 왕이오."

송양왕은 주몽의 말을 듣고는 잠시 생각에 잠겼습니다. 그러더니 주몽을 위엄 있게 쳐다보았습니다.

"그대도 주위를 둘러보면서 느꼈을 것이오. 땅이 비좁아 두

왕이 지내기는 어려울 것 같소. 우리 조상들은 여기서 오랫동안 왕 노릇을 해 왔소. 그대는 도읍을 정한 지 얼마 안 되었다고 하니 나의 부하가 되는 것이 어떻겠소?"

주몽은 화를 내며 벌떡 일어섰습니다.

"나는 천제의 아들로 태어나 하늘의 뜻을 받들어 나라를 만들었소. 그런데 나보고 부하가 되라니! 나는 오히려 당신이 고구려의 부하가 되어야 한다고 생각하오."

송양왕은 말로 해서는 안 되겠다고 생각해서 제안을 했습니다.

"그렇다면 좋소. 그대가 천제의 아들이라 하니 활을 쏘아 겨루어 봅시다."

주몽은 활쏘기에서 크게 이겼습니다. 송양왕은 이듬해 6월에 주몽에게 항복하고 나라를 바쳤습니다.

주몽은 비류국을 다물도로 바꾸고 송양왕을 다물도의 우두머리로 삼았습니다. 다물은 '옛 땅을 회복하다'라는 뜻이 담긴 말입니다.

🌼 아버지를 찾아온 유리

"어머나!"

비명 소리와 함께 여인의 옷이 흠뻑 젖었습니다.

혼자서 활쏘기를 즐기던 유리가 참새를 보고 활을 겨누었는데 그 화살이 나무 밑을 지나가던 한 여인의 물동이에 맞은 것입니다.

"아비 없이 자란 놈이니 오죽할꼬! 그러니 이런 고약한 짓을 하지! 앞으로 또 어떤 못된 짓을 할꼬!"

사과를 하려고 여인 앞에 섰던 유리에게 여인은 대뜸 욕설을 퍼부었습니다.

유리는 그 소리를 듣자 얼굴이 벌겋게 달아올라 집으로 달음질쳤습니다.

"어머니! 나의 아버지는 누구입니까? 제 나이 열일곱입니다. 크면 말씀해 주신다고 하셨지요?"

예씨 부인은 더 이상 아버지 이야기를 미룰 수 없다는 것을 깨달았습니다.

"그래. 지금부터 내 이야기를 잘 들어라."

예씨 부인도 오래 전 일을 생각하고 이야기를 시작하려니 잠시 목이 메었습니다.

"너의 아버지는 보통 사람이 아니다. 이 나라에서는 살 수가 없어 남쪽 땅으로 도망하여 나라를 세우고 왕이 되셨다. 네 아버지가 떠난 지 몇 달 후 네가 태어났다. 너의 아버지도 너처

림 총명하고 활솜씨가 뛰어나셨다."

유리는 활 쏘는 솜씨가 아주 뛰어나 또래에선 따를 사람이 없을 정도였습니다.

"유리야, 칼을 찾아서 아버지께 가도록 해라. 아버지께서는 그 칼을 일곱 모가 난 돌 위의 소나무 밑에 두셨다고 했다."

유리는 다음 날부터 칼을 찾아 소나무가 있는 곳부터 열심히 돌아다녔습니다. 그러나 석 달이 되도록 찾지 못했습니다.

어느 날 유리는 집에서 마루에 걸터앉아 골똘히 생각에 잠겼습니다. 그러다 유리는 자기 집 지붕을 받치고 있는 주춧돌에 우연히 눈길이 머물렀습니다. 그 순간 유리는 가슴이 벅차올라 벌떡 일어섰습니다.

"바로 여기야. 주춧돌은 일곱 모가 나 있어. 기둥은 소나무를 다듬어서 만든 것이고!"

주춧돌 기둥 밑에서 부러진 칼이 나왔습니다.

유리는 고구려로 가 주몽을 만났습니다.

유리가 가지고 온 부러진 칼은 주몽이 가지고 있던 칼과 딱

맞았습니다. 주몽은 유리를 곧 태자로 삼았습니다.

주몽은 유리가 고구려에 온 지 다섯 달 만에 세상을 떠났습니다. 사람들은 주몽에게 동명성왕이라는 이름을 내려 그의 업적을 기렸습니다.

주몽의 뒤를 이어 유리가 왕이 되었습니다.

소금 장수에서 왕이 된
미천왕

을불은 고구려 제15대 미천왕이 되었습니다. 미천왕은 창조리와 힘을 합쳐 정치를 잘 해 나갔습니다. 오랫동안 도망쳐 다니면서 백성들의 어려운 형편을 잘 알게 된 미천왕은 그 경험을 바탕으로 백성들의 마음을 헤아려 나라를 잘 다스렸습니다.

❀ 비참하고 고된 생활

고구려 제14대 봉상왕은 왕위에 오를 때부터 의심이 많아서, 누군가가 자신을 죽이려 한다고 생각했습니다.

봉상왕의 동생 돌고는 사람들 사이에서 신망이 높았습니다. 그러자 봉상왕은 트집을 잡아 돌고를 죽였습니다.

돌고의 아들 을불은 자신에게도 화가 미칠 것 같아 밤중에 몰래 도망을 쳤습니다.

궁궐을 도망쳐 나온 을불은 정처 없이 떠돌아다니다가 압록

수 주변의 수실촌이라는 마을까지 오게 되었습니다. 이 마을에서 을불은 음모라는 농부의 집에서 머슴살이를 하게 되었습니다. 음모는 성질이 고약하고 심술이 많은 사람이었습니다.

을불은 꼭두새벽에 일어나 밭에 나가서 열심히 일하고 저녁 늦게 돌아오는 고된 생활을 계속했습니다.

어느 여름 날, 음모는 을불을 불렀습니다.

"우리 집 옆에 있는 큰 연못의 맹꽁이 소리가 어찌나 시끄러운지 잠을 잘 수가 없구나. 밤에는 특별히 할 일이 없을 테니 맹꽁이들이 울지 못하게 하여라."

을불은 맹꽁이의 울음소리를 그치게 하려고 밤새 돌을 던졌습니다. 잠도 제대로 못 자는 힘든 머슴살이였습니다.

어느 날 을불이 온종일 쉬지도 못하고 밭에서 일하고 있는데 동촌에 사는 재모라는 사람이 지나가다 을불을 보았습니다.

"그렇게 주인이 시키는 대로 죽어라고 일하다가는 몸이 어찌 되겠나. 차라리 나와 같이 소금 장사를 해 보세."

을불은 재모와 같이 배를 타고 압록수를 오르내리며 마을에

들러 소금을 팔았습니다. 이 마을 저 마을을 돌아다니다 아무 데서나 자고 일어났습니다.

어느 날 을불은 동쪽 사수촌에 와서 소금을 팔다 보니 밤이 되었습니다. 을불은 한 집을 찾아가 하룻밤 묵어 가기를 청했습니다. 욕심 사납게 생긴 할머니가 나와서 말했습니다.

"소금 한 말을 주면 재워 주지."

을불이 한 말을 퍼 주자 할머니는 더 욕심이 생겼습니다.

"겨우 한 말로는 재워 줄 수가 없네. 조금 더 주게."

"할머니, 하룻밤 자는 데 한 말이면 꽤 많이 드린 거예요. 욕심이 지나치시군요."

할머니는 입을 일그러뜨리고 을불을 노려보았습니다.

다음 날 아침이었습니다. 을불이 집을 나서자 할머니는 을불의 뒤를 살살 쫓아왔습니다. 그러더니 냅다 소리를 질렀습니다.

"저 소금 장수가 내 신을 훔쳐 갔소!"

을불은 놀라 멈춰 섰습니다. 그러자 할머니는 쏜살같이 달려와 을불의 멱살을 쥐었습니다.

"할머니, 신을 훔쳐 가다니요?"

"이놈, 관가로 가자!"

을불은 할머니에게 끌려 관가로 갔습니다. 소금 짐을 뒤져 보니 할머니의 신발이 있었습니다.

"이래도 발뺌을 할 거냐?"

할머니는 펄펄 뛰며 더욱 소리를 질렀습니다.

"저는 신발을 훔치지 않았어요. 정말입니다."

을불이 아무리 말해도 소금 짐에서 신발이 나왔기 때문에 어쩔 수 없었습니다.

"이런 놈은 크게 혼을 내야 합니다."

관가에서는 을불이 팔던 소금을 통째로 할머니에게 주어 버렸습니다. 또한 을불은 볼기도 맞았습니다.

을불은 빈털터리가 되었습니다. 몸에 지닌 것도 없고 몸도 너무 많이 망가져서 일할 수도 없었습니다. 이곳 저곳에서 얻어먹는 신세가 되었습니다.

을불의 모양새는 말이 아니었습니다. 얼굴은 말라서 광대뼈가 튀어나오고 뺨이 움푹 들어가고, 몸도 앙상하게 뼈만 남았습니다. 까치집 같은 머리와 옷인지 넝마 조각인지 알 수 없는 너덜너덜한 옷 때문에 을불이 왕자일 거라고는 상상할 수도 없었습니다.

왕이 되다

 봉상왕의 잘못된 정치는 계속 되었습니다. 아무리 신하들이 옳은 말을 해도 듣지 않았습니다. 나라의 앞날을 걱정하던 신하 창조리는 조불과 소우에게 을불을 찾으라고 명령을 내렸습니다.
 조불과 소우는 나라 곳곳을 찾아 헤매었으나 을불을 찾을 수 없었습니다. 그들이 비류수 근처에 이르렀을 때였습니다. 언덕에 대 놓은 작은 배 가운데 한 거지가 아주 지쳐서 앉아 있었습니다. 행색은 초라하고 옷은 남루했지만 겉모습과는 달리 품위가 느껴졌습니다. 자세히 살펴보니 을불의 어렸을 때 모습이 어렴풋이 남아 있었습니다.

두 사람은 지쳐 앉아 있는 거지를 사람이 다니지 않는 곳으로 데리고 갔습니다. 그러고는 넙죽 절을 했습니다.

"을불 왕자님!"

을불은 깜짝 놀라며 손을 내저었습니다.

"나는 왕자가 아니오. 그냥 떠돌아다니는 거지일 뿐이오."

을불은 도망치려 했습니다.

"지금 왕은 인심을 잃은 지 오래 되었습니다. 그리하여 여러 신하들이 의논하여 왕을 폐하기로 몰래 꾀했습니다. 을불 왕자님은 행실이 검소하고 인자하신 분입니다. 그래서 왕으로 모시려고 한 것입니다."

조불과 소우는 을불을 데리고 갔습니다. 창조리는 기뻐하며 을불을 맞아들였습니다. 창조리는 을불이 숨어 지낼 곳을 마련하고, 사람들의 눈을 피해 모시게 했습니다.

어느 날 봉상왕이 후산 북쪽으로 사냥을 갔습니다. 창조리도 왕을 따라가며 신하와 군사들에게 말했습니다.

"이제 큰일을 치러야 할 때가 온 것 같소. 지금이 봉상왕을 폐하고 새 왕을 세울 좋은 기회요."

창조리의 말에 사람들이 숙연해졌습니다.

"나와 뜻을 같이할 사람은 나를 따라 하시오."

창조리는 갓에 갈대꽃을 꽂았습니다. 모든 신하와 군사들이 창조리를 따라서 갓에 갈대꽃을 꽂았습니다. 창조리는 봉상왕 앞으로 나아가 말했습니다.

"왕이시여. 모두 한 뜻이 되어 왕의 폐위를 원하는 마음으로 갓에 갈대꽃을 꽂았습니다."

신하들이 봉상왕을 묶으려고 달려들었습니다. 창조리는 봉상왕을 잡아서 별궁에 가두었습니다. 별궁에 갇힌 봉상왕은 스스로 목을 매어 죽고, 그의 두 아들도 아버지를 따라서 죽었습니다.

을불은 고구려 제15대 미천왕이 되었습니다. 미천왕은 창조리와 힘을 합쳐 정치를 잘 해 나갔습니다. 오랫동안 도망쳐 다니면서 백성들의 어려운 형편을 잘 알게 된 미천왕은 그 경험을 바탕으로 백성들의 마음을 헤아려 나라를 잘 다스렸습니다.

나라의 영토를 넓힌
광개토 대왕

광개토 대왕은 열다섯 살이던 왕자 시절부터 싸움터를 누빈 명장이었습니다. 그는 훌륭한 왕이기 이전에 이미 뛰어난 전략가요, 지휘관이었습니다. 광개토 대왕의 뒤를 이은 장수왕은 선왕을 기려 '국강상 광개토경 평안호태왕'이라고 부르도록 했습니다. 그것은 나라의 영토를 넓히고, 나라를 평안하게 했다는 뜻입니다.

🌸 백제를 무찌르다

광개토 대왕은 왕위에 오른 391년 7월에, 백제를 치기 위해 4만 명의 군사를 동원하라는 명을 내렸습니다.

장수들은 모두 당황했습니다. 그 중 한 장수가 말했습니다.

"북쪽 국경을 지키는 군사들은 그대로 두어야 하옵니다. 사만의 군사라 하시면 도성과 궁궐을 지키는 군사까지 한 명도 남김없이 모두 싸움터로 나가야 합니다. 그럼 이 곳은 대체 누가 지키겠습니까?"

광개토 대왕은 두 눈을 빛내며 우렁찬 목소리로 대답했습니다.

"내가 가는 곳이 곧 궁궐이다. 당장 군사를 동원할 준비를 하라!"

광개토 대왕 2년(392) 7월, 광개토 대왕은 직접 군사를 이끌고 백제를 치러 나섰습니다.

붉고 푸른 깃발들이 하늘을 찌를 듯했고, 창과 칼이 번쩍였으며, 북 소리와 피리 소리가 천지를 뒤흔들었습니다.

광개토 대왕은 석현이라는 고갯마루에서 말을 세우고 눈 아래로 보이는 아득한 들판을 칼끝으로 가리키며 말했습니다.

"우리가 얻고자 하는 것은 저 넓은 들판이다. 이 곳을 우리 고구려의 땅으로 만들어야 한다. 이 들판이 우리 고구려의 것이 되면 백성들은 굶지 않고 배불리 먹을 수 있게 될 것이다."

고구려 군사들은 힘차게 환호성을 올렸습니다.

이에 맞서 석현 마루 아래쪽 백제 군사 진영에서도 둥둥둥 북 소리가 들려왔습니다.

양쪽 군사들은 목숨을 걸고 싸웠습니다. 그러다 드디어 백제 군사가 밀리기 시작했습니다. 백제 군사는 4만이 넘는 고구려 군사를 당해 내지 못하고 이튿날도 사흗날도 계속 져서 결국 도망치고 말았습니다.

고구려 군사는 사흘에 걸친 싸움 끝에 석현 등 백제의 성을 10군데나 빼앗았습니다. 10월에는 백제의 북쪽 요충지인 관

미성을 함락시켰습니다. 광개토 대왕이 백제를 상대로 한 전투에서 크게 승리한 것입니다.

백제의 진사왕은 고구려에게 크게 패하자 머리끝까지 화가 치밀어올랐습니다. 진사왕은 고구려에게 빼앗긴 성을 되찾기 위하여 항상 기회를 엿보았으나 갑자기 죽고 말았습니다.

진사왕의 뒤를 이어 아신이 왕위에 올랐습니다.

아신왕은 우선 고구려를 칠 계획부터 세웠습니다.

아신왕은 외삼촌인 진무에게 군사 1만을 이끌고 고구려를 쳐부수라고 명령했습니다. 진무는 침착하고 과감했으며 지혜로워서 많은 사람들에게 존경을 받았습니다.

진무는 지난번에 빼앗긴 관미성을 겹겹이 에워쌌습니다. 그러나 성을 지키는 고구려군은 조금도 흔들림 없이 튼튼히 방어했고, 한 치의 틈도 보이지 않았습니다. 진무는 한 달이 넘도록 있는 힘을 다하여 관미성을 공격했으나, 아무런 소득이 없었습니다.

군사들이 지치고 식량마저 떨어졌다는 소식을 들은 아신왕은 하는 수 없이 군사를 물러나게 했습니다.

 아신왕은 잠시 동안 고구려에 대한 보복을 뒤로 미루고, 나라 안의 일을 돌보았습니다. 그런 후 다시 고구려를 상대로 전쟁을 일으켰습니다.

 이번에는 아신왕의 동생인 훈해에게 군사 1만을 주어 고구려의 수곡성을 치도록 했습니다. 수곡성은 황해도 신계 마을에 있던 고구려 국경의 중요한 성이었습니다.

 광개토 대왕은 잘 훈련된 군사 5000명을 이끌고 급히 수곡성으로 달려갔습니다.

 "앞의 군사들은 지금 바로 백제군을 공격하고, 나머지 군사들은 뒤로 돌아가 백제군 뒤를 공격하라!"

 광개토 대왕의 작전이 성공을 거두어 백제군은 큰 타격을 입었습니다.

 광개토 대왕은 열다섯 살이던 왕자 시절부터 싸움터를 누빈 명장이었습니다. 그는 훌륭한 왕이기 이전에 이미 뛰어난 전략가요, 지휘관이었습니다.

고구려군과 정면으로 맞부딪친 백제군은 군사를 정비하기 위해 후퇴하려 했으나, 고구려군이 어느 틈엔가 뒤에서부터 공격을 퍼부었습니다.

앞뒤로 동시에 공격을 받게 된 백제군은 독 안에 든 쥐처럼 꼼짝할 수 없이 갇히고 말았습니다. 밤이 깊어지자 백제 병사들이 겁을 먹고 모두 도망쳐 버렸습니다.

광개토 대왕은 앞으로 두 번 다시 백제가 넘보지 못하도록 남쪽에 일곱 개의 성을 쌓게 했습니다. 한 달이 지나자 일곱 개의 성이 제 모습을 갖추었습니다. 광개토 대왕은 8월 그믐에 군사를 이끌고 도읍으로 돌아왔습니다.

백제의 아신왕은 두 번에 걸친 패전에 크게 상심했습니다. 아신왕은 다시 한 번 고구려를 공격할 계획을 세웠습니다.

광개토 대왕 5년(395) 8월, 진무가 거느린 2만의 백제군이 패수(지금의 예성강)에서 고구려군과 격렬한 전투를 벌였습니다.

백제군은 결사적으로 싸웠으나 크게 패하고 말았습니다.

"이제 더 이상은 참을 수가 없다. 내가 직접 나설 때가 됐구나!"

아신왕은 같은 해 겨울 직접 군사를 거느리고 고구려를 치기 위해 길을 떠났습니다. 청목령(지금의 경기도 개성 부근) 근처에 이르렀을 때, 함박눈이 내리기 시작했습니다.

아신왕은 하는 수 없이 행군을 멈추고, 눈이 그치기를 기다렸습니다. 그러나 눈은 점점 더 맹렬한 기세로 쏟아져 하룻밤 사이에 무릎이 넘도록 쌓였습니다. 엎친 데 덮친 격으로 눈이 그친 다음 날부터 매서운 추위가 닥쳐왔습니다. 눈밭 속에서 야영을 하던 백제 군사들이 수없이 얼어 죽어 갔습니다.

"하늘이 나에게 기회를 주지 않는구나!"

아신왕은 하늘을 우러러 길게 탄식하며 군사를 돌이켜 되돌아갔습니다.

9월이 끝나 갈 무렵, 광개토 대왕은 3000여 명의 군사를 거느리고 비려국(거란족) 정벌에 나섰습니다.

광개토 대왕은 단숨에 비려국의 마을 수백 곳을 쳐부수고, 말 수백 필과 양 1000여 마리를 전리품(전쟁 때에 적에게 빼앗은 물품)으로 가지고 고구려로 돌아왔습니다.

무릎을 꿇은 아신왕

광개토 대왕 6년(396) 3월에 수군장으로부터 배가 완성되었다는 보고가 들어왔습니다. 원래 있던 700척에 500척을 더 만든 것입니다.

광개토 대왕은 치밀한 작전 계획을 세웠습니다.

"군대는 평양까지 육지로 행군하고 거기서부터는 강 하류에 준비해 둔 배를 타고 바다로 내려간다. 배를 두 패로 나누어 한 패는 아리수 하류에, 한 패는 패수 하류에 상륙한다. 반드시 바다 가까운 쪽에 진을 치고 백제를 공격해야 한다."

드디어 광개토 대왕은 5만의 군사를 거느리고 백제 정벌에 나섰습니다. 전투에 나선 군사들의 행렬이 평양성 남쪽에서 아리수까지 수백 리나 이어졌습니다. 곳곳에서 전투가 벌어져 창과 칼이 불꽃을 튀기고 말과 사람이 쓰러졌습니다.

한 달도 채 지나지 않아 고구려는 백제의 성 50여 개와 마을 700여 군데를 빼앗았습니다. 이제 아리수 북쪽의 백제 땅은 서의 고구려 군사의 발발굽 아래로 늘어갔습니다.

마침내 광개토 대왕은 군사 2만을 거느리고 아리수를 건너 백제의 도읍 한산으로 쳐들어갔습니다. 고구려 군사의 기세는 하늘을 찌를 듯 드높았습니다. 백제 군사들은 제대로 싸워 보지도 못하고 쫓겨 달아나기에 바빴습니다.

백제의 아신왕은 더 이상 버틸 수 없다는 것을 깨닫고 스스로

성에서 걸어 나왔습니다. 그러고는 고구려 진영 앞에 무릎을 꿇었습니다.

"앞으로는 고구려를 섬기겠습니다."

그리고 남자와 여자 1000명과 고운 베 1000필을 바쳤습니다. 광개토 대왕은 58개의 성과 700개의 마을을 받고 백제의 왕족과 신하 10명을 볼모로 잡아 고구려로 돌아왔습니다.

한편, 백제의 아신왕은 고구려를 섬기겠다고 맹세하긴 했지만, 이 치욕을 씻고야 말겠다는 생각뿐이었습니다. 아신왕은 왜(일본)의 힘을 빌려서 고구려를 쳐부숴야겠다고 마음먹었습니다.

원래 백제는 왜와 교류가 잦았습니다. 왜는 백제로부터 식량, 가축, 쇠붙이, 책 등을 사 가는 등 백제 문화를 적극적으로 받아들이고 있었습니다.

아신왕은 397년 5월에 자신의 친아들이며 태자인 전지를 왜에 볼모로 보냈습니다. 왜는 아신왕의 요청을 받아들여 백제에 군사를 보냈습니다. 수많은 왜의 군사가 한산으로 들어오자 백제군의 사기는 크게 올랐습니다.

이 즈음 신라의 내물왕이 고구려의 광개토 대왕에게 군사를 보내 달라는 간곡한 글을 보내왔습니다.

신라의 해안 지방 백성들이 왜구의 노략질 때문에 마음놓고 살 수가 없습니다. 군사를 보내어 왜구를 쫓아 내 주십시오.

광개토 대왕은 신라를 적극적으로 도와 주겠다고 약속했습니다.

이듬해인 광개토 대왕 10년(400)에 신라로부터 왜구가 침략했다는 급한 소식이 날아왔습니다. 광개토 대왕은 군사 5만을 즉시 신라로 보냈습니다.

고구려와 신라의 연합군은 해변 곳곳에서 왜구를 토벌하고, 그 본거지였던 풍도를 쳐서 왜구를 소탕해 버렸습니다.

이렇게 되자 왜구는 급히 신라를 탈출하여 자신의 나라로 가거나 가야로 도망쳤습니다.

가야는 바닷가에 자리잡은 나라라 일찍부터 왜구와 교류가 빈번했기 때문에 왜구와는 친하게 지냈던 것입니다.

고구려 군사들은 가야까지 쫓아가 가야의 여러 성을 함락시키고 성 안에 숨어 있던 왜구를 샅샅이 찾아 내어 모두 큰 벌을 주었습니다.

광개토 대왕은 이렇게 신라와는 서로 좋은 관계를 맺어 가고, 백제에 대한 경계를 소홀히 하지 않았습니다.

광개토 대왕 14년(404), 백제와 왜의 연합군이 고구려의 서남쪽으로 쳐들어왔습니다. 고구려는 이에 대한 대비책을 이미 마련해 놓고 있었습니다.

광개토 대왕은 즉시 군사를 보내 백제와 왜의 연합군과 맞서 싸웠습니다.

이 전투에서도 고구려가 승리하자 백제의 아신왕은 또다시 울분에 휩싸였습니다.

결국 아신왕은 깊은 원한을 가슴에 묻은 채 이듬해인 405년 9월에 세상을 떠났습니다.

후연을 물리치다

후연은 고구려가 신라에 5만 명의 군사를 보낸 틈을 이용하여 고구려의 신성과 남소 두 성과 700여 리에 달하는 땅을 빼앗았습니다.

이에 크게 노한 광개토 대왕은 잃었던 땅을 되찾는 것은 물론, 내친김에 요수를 건너 후연의 숙군성까지 쳐들어갔습니다. 후연의 장군 모용귀는 고구려군을 맞아 싸웠지만 고구려군을 당해 내지 못해 성을 포기한 채 달아났습니다.

광개토 대왕은 이에 만족하지 않고 영토를 더욱 넓히기 위하여 14년(404) 11월, 다시 후연을 공략했습니다. 후연은 고구려군에게 번번이 지고 말았습니다. 그리하여 700여 년 동안 중국의 지배를 받았던 고조선 땅을 드디어 되찾게 되었습니다.

그뿐만 아니라 광개토 대왕 20년(410)에 부여를 손에 넣어 영토를 만주 벌판까지 넓혔습니다. 당시 고구려는 남북으로는 1000리요, 동서로는 2000리에 이르는 광대한 영토를 차지했습니다. 이 때가 고구려의 전성기였을 뿐 아니라 우리 민족의 역사에서 가장 영광된 시기였습니다.

　광개토 대왕은 18세에 왕위에 올라 22년 동안 세상을 호령하다가 413년 10월 39세의 나이로 세상을 떠났습니다.

　광개토 대왕의 뒤를 이은 장수왕은 선왕을 기려 '국강상 광개토경 평안호태왕'이라고 부르도록 했습니다. 나라의 영토를 넓히고, 나라를 평안하게 했다는 뜻입니다.

　장수왕은 만주 집안현에 높이 6미터가 넘는 거대한 광개토 대왕비를 세웠습니다. 그리고 비문에는 고구려 건국에서부터 고구려 왕실의 역사와 광개토 대왕의 중요한 업적을 새겨 넣었습니다.

백제를 세운 온조

소서노와 두 아들 비류와 온조는 새로운 땅을 찾아 길을 나섰습니다.
오간, 마려 등 10여 명의 신하들이 그 뒤를 따랐습니다.
그런데 그들이 지나는 곳마다 많은 백성들이 뒤를 이었습니다.
비류와 온조는 한산에 이르렀습니다.

새로운 땅을 찾아 떠나다

주몽이 동부여를 떠나 졸본에 이르러 고구려를 세웠습니다. 그 곳에서 주몽은 연타발의 둘째 딸인 소서노를 맞아들여 왕비로 삼았습니다.

소서노는 주몽이 나라를 세우고 다스리는 데 많은 도움을 주었습니다. 주몽은 소서노를 아끼고 소서노의 첫째 아들 비류와 둘째 아들 온조를 자기 자식처럼 대했습니다.

그러던 어느 날 소문이 들려왔습니다. 주몽이 동부여에 있을 때 결혼한 예씨 부인이 낳은 유리 왕자가 아버지를 찾아온 다는 것이었습니다.

소서노는 마음이 어두워졌습니다.

'비류와 온조의 장래가 걱정이다. 유리가 오면 그를 태자로 삼을지도 모르는데……'

소서노가 걱정한 대로 주몽은 아들 유리를 반갑게 맞아들이고는 태자로 삼았습니다.

하루는 비류가 온조에게 말했습니다.

"이제 곧 유리 형이 아버지의 뒤를 이어 왕이 될 것이다. 그래서 이 땅을 떠나려고 한다."

"저도 같이 가겠습니다."

"그래, 우리가 고구려의 왕이 되지 못할 바에야 차라리 어머니를 모시고 남쪽으로 가 새로운 나라를 세우도록 하자."

소서노와 두 아들 비류와 온조는 새로운 땅을 찾아 길을 나섰습니다. 오간, 마려 등 10여 명의 신하들이 그 뒤를 따랐습니다. 그런데 그들이 지나는 곳마다 많은 백성들이 뒤를 이었습니다. 비류와 온조는 한산에 이르렀습니다.

주변을 살펴보고 돌아온 신하들이 와서 말했습니다.

"북쪽에는 큰 강이 흐르고 남쪽에는 기름진 평야가 펼쳐져 있어 백성들이 살기에도 좋은 곳입니다."

신하들이 이 곳에 도읍을 세우자고 했습니다. 그러나 비류는 이 곳이 마음에 들지 않았습니다.

"그래도 바다가 가까운 곳이 더 좋지 않겠소. 바다 쪽으로 더 가 봅시다."

"형님, 그러지 말고 이 곳으로 도읍을 삼아요. 한 나라의 도읍을 삼기에는 참 좋은 곳이에요."

온조가 말했습니다.

신하들도 비류를 설득했습니다. 그러나 비류는 온조와 신하들의 말을 듣지 않고 서쪽으로 떠났습니다.

비류가 떠난 뒤, 온조는 이 곳을 도읍으로 삼고 위례성을 쌓았습니다. 그리고 나라 이름을 십제라고 했습니다.

비류는 미추홀(지금의 인천광역시)에 나라를 세웠습니다. 그런데 살다 보니 땅이 기름지지 않아 수확이 적고 물이 짜서 백성들이 살기에 불편했습니다. 얼마 뒤, 비류는 위례성으로 다시 와 보았습니다. 위례성은 신하들이 말하던 대로 살기에 좋은 곳이었는지 백성들이 풍요로워 보였습니다. 위례성을 둘러보면서 비류는 후회를 했습니다.

'왜 내가 고집을 피우고, 이 곳을 놔 두고 갔단 말인가?'

비류가 온조보다 먼저 세상을 떠나자 비류의 백성들은 온조에게로 돌아갔습니다. 온조는 나라 이름을 십제에서 백제로 고쳤습니다.

백제 중흥에 힘쓴
무령왕

무령왕은 농사지을 땅이 없어 떠도는 사람들에게 밭을 일구고 제방을 쌓아 논과 밭을 만들게 했습니다. 이로써 백성이 편안해지고, 나라 살림이 튼튼해졌습니다. 무령왕이 왕위에 올라 다스리던 24년 간은 백제의 황금기라 이를 만했습니다.

🌸 아버지의 원수를 갚다

"백가의 반란으로 동성왕이 살해되고 지금 왕의 자리가 비어 있소. 우리가 가장 먼저 해야 할 일은 어수선한 나라를 바로 세울 수 있는 새 왕을 추대하는 것이오."

"그렇소. 총명하고 너그러운 사마 왕자(무령왕의 어릴 적 이름)를 왕으로 추대했으면 하오."

동성왕의 둘째 아들로 태어난 사마 왕자는 어려서부터 성격이 인자하고 너그러워 주위 사람들이 잘 따랐습니다. 사마 왕자는 인물도 뛰어나고 키는 8척에 이르는 건장한 체격이었습니다.

　사마 왕자를 새 왕으로 세우자는 말에 모든 신하들이 찬성했습니다.

　무령왕이 왕위에 오른 지 얼마 안 되는 이듬해 정월이었습니다. 동성왕을 죽음에 이르게 한 백가가 또다시 가림성에서 반란을 일으켰습니다.

　이 소식을 들은 무령왕은 직접 군사를 거느리고 가림성으로 향했습니다.

백가는 성문을 굳게 닫고 한동안 맞서 싸웠습니다. 그러나 성이 사방으로 포위되고 성 안쪽에 불화살이 쏟아져 들어오자, 백가는 성문을 열고 나와 왕 앞에 무릎을 꿇었습니다.

"아버님을 죽인 원수로다. 마땅히 목숨을 내놓아 죗값을 치러야 하렷다!"

무령왕은 백가의 처형을 명했습니다.

"아버님, 이제 편히 눈을 감으시옵소서. 소자가 백가 놈을 죽였사옵니다. 소자는 이제 아버님의 뜻을 이어받아 이 나라를 강건하게 만들겠사옵니다."

무령왕은 나라의 질서를 바로잡는 데 온갖 노력을 기울였습니다. 백제는 다시 힘을 얻었습니다.

백제의 황금기

'아리수(한강) 유역은 우리 백제를 일으키고 키워 준 땅이다. 하루라도 빨리 고구려에 빼앗긴 그 곳 땅을 되찾아야 한다.'

무령왕은 날마다 군사를 훈련시켰습니다.

"이제부터 군사 훈련을 열심히 하오. 고구려군이 쳐들어오기 전에 우리가 먼저 그들을 공격할 것이오."

백제 군사들은 아리수를 건너서 고구려를 공격하기도 했습니다. 고구려 군사들 역시 팽팽하게 맞서 승패의 판가름이 쉽게 나지 않았지만 백제군의 사기는 무척 높았습니다.

무령왕 12년(512)에는 무령왕이 직접 전투에 나서자, 군사들의 사기는 하늘을 찌를 듯하여 고구려군을 크게 이겼습니다. 그러자 고구려의 안장왕도 질 수 없다는 듯이 직접 군사를 이끌고 공격해 왔습니다.

고구려뿐만 아니라 북쪽의 말갈족도 끊임없이 백제를 쳐들어왔습니다. 평소 북쪽 외적들의 침략을 철저히 대비해 왔던 무령왕은 큰 어려움 없이 말갈족을 물리쳤습니다.

'비록 승리를 거두었지만 말갈족이 망하지 않는 한, 언젠가 또다시 침범할 것이다. 확실한 대비책을 세워야겠다.'

무령왕은 고목성 남쪽에 커다란 목책 두 개를 세우고 또 장령성을 쌓아 말갈족의 침입에 대비했습니다.

과연 무령왕이 예상한 대로 같은 해 겨울에 말갈족은 고구려군과 함께 백제로 쳐들어왔습니다. 그러나 모든 것을 미리 완벽하게 준비한 백제를 당해 낼 수 없어 크게 패하고 말았습니다.

무령왕은 이처럼 말갈족이나 고구려의 침입에 대비했습니다. 또 훗날, 고구려나 신라가 침범해 올 때를 대비해 중국 양나라에 사신을 자주 파견했습니다. 왜에도 오경박사를 파견하여 발달된 문화를 전해 주었습니다.

또한 서남쪽으로는 인도와 대식국(지금의 이란) 등과 교역을 하여 문화가 크게 발전했습니다.

무령왕은 전쟁 준비를 철저히 했을 뿐 아니라 백성들도 잘 돌보았습니다.

"궁궐 창고에 있는 곡식을 풀어 백성들에게 나누어 주어라."

나라에 큰 가뭄이 들었을 때, 무령왕이 명했습니다.

역병이 돌 때에도 무령왕은 잠을 못 이루며 백성들을 걱정했습니다.

"백성들이 편안해야 나라의 힘이 커지는 법인데, 역병이 금방 물러가지 않으니 걱정이로구나."

또한 무령왕은 농사지을 땅이 없어 떠도는 사람들에게 밭을 일구고 제방을 쌓아 논과 밭을 만들게 했습니다.

이로써 백성이 편안해지고 나라 살림이 튼튼해졌습니다.

무령왕이 왕위에 올라 다스리던 24년 간은 백제의 황금기라 이를 만했습니다. 국방, 외교와 민생에 큰 업적을 쌓은 무령왕은 523년 63세의 나이로 세상을 떠났습니다.

백제의 마지막 왕
의자왕

의자왕은 당나라에 사신을 보내고 왜에도 사신을 보내 돈독한 관계를 맺었습니다. 이제 백제는 나라 안도 안정되고 다른 나라와도 큰 어려움 없이 지낼 수 있게 되었습니다.

해동 증자라 불리다

흥겨운 음악 소리와 웃음소리가 궁궐에 울려 퍼졌습니다.

"실컷 먹고 마셔라. 정말로 즐겁구나."

며칠 전부터 잔치가 벌어지고 있었습니다. 의자왕은 궁녀들과 더불어 술 마시고 노래하고 흥이 나면 춤까지 추었습니다. 하지만 의자왕이 처음부터 이랬던 것은 아닙니다.

641년, 무왕이 죽고 의자왕이 그 뒤를 이어 왕위에 올랐습니다. 의자왕은 어려서부터 총명하고 용감했습니다. 또한 효성스럽고 형제와 우애가 있어 '해동 증자'라 불렸습니다. '증자'는 효성이 지극했던 공자의 제자이고, '해동'은 바다의 동쪽이라는 뜻으로 우리나라를 가리킵니다.

의자왕은 왕위에 올라 나라를 잘 다스렸습니다. 사형에 처할 정도로 심한 죄를 지은 사람만 빼고는 죄인들도 모두 풀어 주었습니다.

의자왕은 무왕이 귀족의 세력을 약화시키고 왕의 권한을 더욱 강하게 한 것을 지켜 나갔습니다. 그는 귀족들의 기세를 꺾기 위하여 핏줄에 얽매이지 않고, 왕의 권위에 도전할 만한 사람들을 섬으로 쫓아 냈습니다. 의자왕은 군사 훈련도 게을리 하지 않았습니다.

정치는 안정되고 연이어 풍년이 들었습니다. 나라 살림은 넉넉해졌습니다.

의자왕은 대외 관계의 방향을 바꾸어 고구려와 친해지기로 했습니다. 의자왕은 고구려와 화친을 맺은 뒤 신라를 압박하기 시작했습니다.

의자왕은 왕위에 오른 지 2년째 되던 해에 직접 군사를 이끌고 신라를 쳐들어갔습니다. 백제군은 어렵지 않게 신라의 성을 차지했습니다. 신라의 미후성 등 40여 개의 성이 함락되었습니다.

"앞장서서 싸우는 우리의 왕 때문에 신라군을 쉽게 이겼어. 얼마나 용감무쌍하시던지."

신라의 성을 함락한 백제군은 기쁨이 넘쳤습니다. 승리의 소식을 들은 백제의 백성들도 기뻐했습니다.

신라에서는 김유신을 성주로 삼아 도읍 서라벌(지금의 경상북도 경주)을 지키는 데 온 힘을 기울였으나 백제의 공격을 겨우 막아 내는 정도였습니다. 다급해진 신라는 김춘추를 고구려에 보내 도움을 청했으나 고구려는 신라를 도와 주지 않았습니다.

의자왕은 고구려와 더욱 친밀한 관계를 맺어 신라를 돕지 못하게 한 뒤 계속해서 신라를 공격했습니다. 신라는 참패를 거듭하고, 백제는 승리의 기쁨을 만끽했습니다.

의자왕은 외교적인 문제도 해결했습니다.

"우리나라는 당나라와 특별한 원한 관계가 없으니 사신을 보내어 친밀하게 지내는 게 어떻겠소?"

의자왕은 당나라에 사신을 보내고 왜에도 사신을 보내 좋은 관계를 맺었습니다. 이제 백제는 나라 안도 안정되고 다른 나라와도 큰 어려움 없이 지낼 수 있게 되었습니다.

충신 성충의 죽음

평화로운 나날이 계속되자 의자왕의 생활도 변했습니다. 의자왕은 점점 사치스러워지고, 나랏일도 소홀히 하게 되었습니다. 궁녀와 더불어 술 마시는 일도 잦아졌습니다.

의자왕을 보면서 걱정하는 신하들이 많았습니다. 특히 좌평 벼슬을 하는 성충은 지극한 충심으로 의자왕을 걱정했습니다.

성충은 어느 날 의자왕을 찾아가 말했습니다.

"예전의 그 훌륭하던 모습은 어디로 가셨습니까? 이렇게 한

가하게 술잔만 기울이고 있으시면 나라는 어찌되겠습니까?"

"내 모습이 어떻다고 이러는가? 왕이 조금 즐겼다고 해서 감히 신하가 와서 이러쿵저러쿵한단 말이냐!"

술에 잔뜩 취해 있던 의자왕은 자리에서 일어나 화를 벌컥 내며 성충을 잡아다 감옥에 가두라고 했습니다.

이 때 좌평 흥수가 앞으로 나서며 간곡히 말했습니다.

"전하, 성충은 전하를 위하는 마음으로 한 것입니다. 부디 노여움을 푸시고 용서하여 주시옵소서."

"뭐라고, 너도 저놈 말이 맞다는 거냐. 여봐라! 이놈도 성충과 함께 감옥에 가두어라."

성충과 흥수는 둘 다 감옥에 갇혔습니다.

"성충과 흥수는 비록 신하라지만 함부로 대하지 못하고 어렵게 여기며 아끼던 신하가 아닌가?"

"그렇고말고. 그런 신하가 저 모양이 됐으니 앞으로 바른 말을 하다가는 죽음을 면할 수 없을 걸세."

신하들은 뒤에서 수군거렸습니다.

그 뒤로는 누구도 의자왕 앞에 감히 나서지 않았습니다.

성충은 감옥 안에서 아무것도 먹지 않았습니다. 성충은 죽기 직전에 의자왕에게 상소를 올렸습니다.

충신은 죽는 마당에도 신하 된 도리를 잊지 않는다 했습니다. 그러니 마지막으로 한 말씀 아뢰겠습니다. 제가 항상 이웃 나라의 정세를 살펴본 결과 반드시 큰 전쟁이 있을 것이옵니다. 싸움이 일어나면 지형을 잘 선택해야 합니다.

첫째, 만약 적이 쳐들어오거든 육로로는 탄현을 지나가지 못하게 하시옵소서. 탄현은 지형이 좁고 험하여 적은 군사로 적을 물리칠 수 있는 좋은 곳입니다. 적이 탄현을 넘으면 우리 군사들이 숨어 싸울 곳이 없으므로 잊지 마시고 탄현을 지키시옵소서.

둘째, 수군은 기벌포에서 막아야 합니다. 기벌포 역시 지형이 좁고 험하여 적이 한꺼번에 진격할 수 없는 곳이니, 이 요새를 의지한다면 우리의 적은 군사로도 많은 수의 적을 능히 물리칠 수 있을 것입니다.

감옥에서 죽어 가면서 쓴 성충의 상소가 의자왕에게 전해졌습니다. 그러나 의자왕은 제대로 읽지도 않았습니다.

여전히 술을 마시고 연회를 베풀었습니다. 흥수도 멀리 고마미지라는 마을로 귀양을 보냈습니다.

나당 연합군의 공격

의자왕이 정신을 차리지 못하고 계속 술에 파묻혀 지내는 사이 신라는 점점 나라의 힘을 키우고 있었습니다.

신라의 무열왕은 그 동안 좋은 관계를 맺고 있던 당나라에 도움을 청했습니다. 당나라도 고구려와 백제를 쳐들어가려고 하던 터라 신라 왕의 요청을 받아들였습니다.

당나라에서는 소정방을 총사령관으로 삼아 군사 13만 명을 보냈습니다. 여기에 신라 군사 5만 명이 힘을 합쳐 백제를 쳐들어왔습니다.

의자왕은 신하들과 함께 어떻게 적을 막아야 할지 결정을 내

리지 못하고 한참을 망설였습니다. 그러는 동안 당나라 군사는 기벌포(지금의 금강 하구)로 들어왔고, 신라군은 탄현(지금의 대전광역시 대덕구 삼정동 일대)을 넘어서고 있었습니다.

계백 장군이 황산벌에서 군사 5000명으로 신라군 5만 명을 맞아 훌륭하게 싸웠으나 끝내 모두 목숨을 잃고 말았습니다.

신라군과 당나라군이 사비성으로 몰려들었습니다.

"성충의 말을 듣지 않아 이 지경에 이르렀구나."

의자왕은 태자 융과 웅진성으로 도망치며 후회했습니다.

둘째 왕자 태는 아버지와 형이 피난길에 오르자 사비성에서 나당 연합군과 싸웠습니다. 그러나 곧 함락되고 말았습니다. 사비성에서는 곳곳에서 불길이 치솟고 도둑질이 끊이지 않았습니다. 그러자 많은 사람들이 스스로 목숨을 끊었습니다.

백제는 완전히 멸망하고 의자왕은 당나라로 끌려가 얼마 뒤, 병으로 세상을 떠나고 말았습니다.

신라의 왕이 된
박혁거세

알의 크기가 박만 했다 하여 성은 박씨라 했습니다. 이름은 나라를 밝게 비추어 준다고 하여 불구내라고 했는데, 이것을 한자로 하면 '빛날 혁'이 되고 다시 거서간이라는 말이 한데 모여 혁거세가 되었습니다.

🌸 나라를 밝게 비추는 아이

땅이 기름지고 살기 좋은 서라벌 넓은 땅에는 일찍부터 양산 마을, 고허 마을, 대수 마을, 진지 마을, 가리 마을, 고야 마을, 이 여섯 마을이 중심이 되어 발전했습니다. 여섯 마을에서는 각각 자기들의 대표인 촌장이 있어 문제가 있을 때면 알천 언덕에서 모여 회의를 했습니다.

어느 날 여섯 마을의 촌장들이 모였습니다.

가장 나이가 많고 경험이 많은 고허 마을 촌장 소벌도리가 의장이 되어 회의를 이끌어 나갔습니다.

"우리가 대대로 배불리 먹고 태평하게 지내는 것은 모두 하늘의 덕택이라 생각하오. 그러나 우리를 통솔하는 왕이 없어 불편한 적이 많았소. 요새 들으니 마한 여러 나라에서도 왕이 생겼다 하오. 우리도 왕을 세우는 것이 어떻겠소?"

왕을 뽑는 데는 모두 찬성했습니다. 하지만 누구를 뽑아야 할지 쉽게 결정하지 못했습니다.

그러던 어느 날, 고허 마을 촌장 소벌도리는 흰 말이 크게 소리를 지르며 땅으로 내려오는 것을 보았습니다. 소벌도리는 자기 집 근처라 누구보다도 빨리 그 쪽으로 다가갔습니다. 우물 근처였습니다. 점점 가까이 다가가니 찬란한 빛을 향해 흰 말이 꿇어앉아 절을 하고 있었습니다.

사람들이 다가가자 흰 말은 하늘로 사라져 버렸습니다. 사람들은 모두 신기해서 눈이 휘둥그레졌습니다.

흰 말이 사라진 뒤에도 빛은 계속 났습니다. 사람들은 겨우 정신을 차리고 흰 말이 절하던 곳에 가까이 다가갔습니다. 우

물 옆 수풀 속에 무엇이 보였습니다. 자세히 보니 커다란 알이 한 개 있는데 빛이 나고 있었습니다.

소벌도리는 뛰는 가슴을 진정시켰습니다. 그리고 조심스럽게 다가가 알을 만졌습니다. 그러자 알이 쩍 갈라지더니 그 안에 아기가 보였습니다. 아기를 목욕시키자 향기가 났습니다.

소벌도리는 알에서 태어난 아이를 데려다 키웠습니다.

알의 크기가 박만 했다 하여 성은 박씨라 했습니다. 이름은 나라를 밝게 비추어 준다고 하여 불구내라고 했는데, 이것을 한자로 하면 '빛날 혁'이 되고 다시 거서간이라는 말이 한데 모여 혁거세가 되었습니다.

박혁거세는 키도 크고 마음이 넓을 뿐 아니라 재주 또한 뛰어났습니다. 사람들을 통솔하는 솜씨도 남달랐습니다.

박혁거세가 13세 되던 해에 여섯 마을 촌장들이 모두 모였습니다. 그들은 여섯 마을을 합쳐 나라를 세우고 박혁거세를 왕으로 삼기로 했습니다. 나라 이름은 서라벌이라 했습니다. 그 후 나라 이름은 신라로 바뀌었습니다.

🌸 입이 뾰족한 아이

　박혁거세가 태어나던 날 사량리에 있는 알영정이란 우물에도 이상한 일이 생겼습니다. 알영정 우물에 용이 나타나더니 이 용이 오른쪽 갈빗대 아래로 예쁜 여자 아이를 낳고는 하늘로 올라간 것입니다.

　가까운 곳에 살던 한 할머니가 이것을 보고 달려왔습니다.

　할머니는 아기를 발견하고는 보자기로 정성껏 싸안았습니다. 아기는 입이 뾰족하게 나와 닭의 부리처럼 보였습니다.

　할머니는 아기를 씻겨 주었습니다.

　"이 부리만 없다면 정말 예쁜 얼굴일 텐데……."

　할머니가 부리도 정성껏 씻으니 뾰족하던 부리가 떨어져 나갔습니다. 할머니는 아기의 이름을 우물 이름을 따서 알영이라 했습니다.

　알영은 얼굴이 아름답고 마음씨도 어질어, 지혜로운 아가씨로 자랐습니다.

　알영의 소문이 온 서라벌에 퍼지자 박혁거세는 알영을 궁궐

로 불렀습니다. 소문대로 훌륭한 아가씨라는 것을 알게 된 박혁거세는 알영을 왕비로 맞아들였습니다.

삼국 통일의 터를 닦은
진흥왕

진흥왕은 그 동안 넓힌 땅을 두루 돌아보기 위해 장군과 신하들을 거느리고 아리수를 건너 북한산 서쪽 높은 봉우리에 올랐습니다. 앞에는 굽이쳐 흐르는 아리수가 보이고 저 멀리 넓은 들판이 끝없이 펼쳐져 있었습니다.

화랑도를 만들다

'많은 소년들을 한 곳에 모아서 함께 심신을 단련하게 하고 올바른 정신을 갖도록 가르쳐 보자. 그들이 함께 모여 노는 행동을 보고 쓸 만한 인재를 고르는 거야.'

신라 진흥왕은 장차 민족을 통일하려면 강한 군사와 훌륭한 지도자가 많이 있어야 된다고 생각했습니다.

진흥왕은 먼저 전국에서 제일 아름다운 여인, 남모와 준정을 뽑고 300여 명을 모았습니다.

이 두 여인을 중심으로 청소년들이 모여 함께 어울려 공부도 하고 무술도 익히도록 했습니다. 이것을 원화 제도라고 했습니다.

그러나 준정의 질투로 준정이 남모를 죽이고 난 후 원화 제도가 없어졌습니다.

그 후 잘생긴 청소년을 뽑아서 '화랑'이라는 이름을 붙이니 화랑을 중심으로 청소년들이 모여들었습니다.

화랑 제도가 시작될 때에는 그 조직도 간단해서 지도자인 화랑이 있고 그 밑에 낭도가 있었습니다. 그러다가 진흥왕 37년(576)에는 크게 발전하여 화랑의 무리들 중에서 총지도자는 따로 국선이라 불렀습니다. 또 화랑은 각각 낭도를 거느렸는데, 낭도의 수는 수천 명씩이나 되었습니다.

화랑도의 활동은 도의를 닦는 것, 시와 음악을 익히고 즐기는 것, 이름난 산천을 찾아 자연 속에서 활달한 기상을 키우는 것 등이었습니다.

이런 훈련을 통해 몸과 마음을 단련하며 나라에 필요한 인물이 되게 했습니다.

후대에 이르러서는 원광을 통해 화랑 정신의 바탕이 되는 '세속 오계'도 생겼습니다. 세속 오계는 임금을 충성으로 섬기고, 부모를 효성을 다해 섬기며, 친구는 믿음으로 사귀어야 하며, 전쟁터에 나가서는 물러서지 말고, 목숨이 있는 것은 함부로 죽이지 않는 것입니다. 이 세속 오계는 화랑도의 정신이 되었고, 신라 젊은이들의 정신적 기둥이 되었습니다.

🌺 신라의 꿈을 펼치다

 진흥왕이 왕위에 오를 당시 신라는 한반도의 동남쪽 한 구석에 자리잡은 나라였습니다.

 고구려는 광개토 대왕 이후 그 세력이 더욱 강해져서 신라에 큰 위협이 되었습니다. 그래서 힘이 약한 신라 실성왕은 고구려에 볼모를 보내는 등 갖은 어려움을 겪고 있었습니다. 그리고 서쪽에는 백제가 있었으며, 낙동강 유역에는 여러 가야

국이 자리잡고 있었습니다. 게다가 동쪽 바다 건너에 있는 왜까지도 신라를 몹시 괴롭혔습니다.

7세의 어린 나이로 왕위에 오른 진흥왕은 처음 10여 년 동안은 어머니의 도움을 받아서 나라를 다스렸습니다. 그 뒤 18세 때부터 나라의 모든 일을 직접 처리했습니다.

"과인은 장차 낙동강 유역의 여러 가야국부터 우리 땅으로 합칠 것이오. 그런 다음 차츰 고구려와 백제의 변방을 쳐서 한강 유역을 차지하여 당나라로 통하는 길을 틀 것이오."

진흥왕은 신하들에게 자신의 꿈을 자주 펼쳐 보였습니다.

이 무렵에 고구려는 왕위를 둘러싼 세력다툼이 벌어져서 신라나 백제에 신경을 쓸 겨를이 없었습니다.

백제는 이 틈을 타서 고구려의 도살성(지금의 충청남도 천안)을 빼앗았습니다. 그러자 고구려는 백제의 금현성을 빼앗았습니다. 이렇게 고구려와 백제 사이에는 빼앗고 빼앗기는 치열한 싸움이 그칠 날이 없었습니다.

신라와 백제는 법흥왕 때까지 동맹 관계였습니다. 그러니 신라는 당연히 백제를 도와 주어야 했습니다. 그러나 진흥왕은 두 나라의 싸움을 묵묵히 구경만 했습니다.

"백제와 고구려는 연이은 싸움으로 지쳐 있다. 지금이 가장 좋은 기회이니 이 때를 놓쳐서는 안 된다!"

신라가 싸움에 끼어들어, 고구려와 백제가 서로 싸우던 도살성과 금현성은 엉뚱하게도 신라의 차지가 되었습니다.

"도살성을 빼앗다니! 신라가 우리를 배신했구나!"

가장 놀란 것은 백제의 성왕이었습니다.

백제의 성왕 역시 진흥왕 못지않은 큰 꿈을 가지고 있었습니다. 성왕은 지금까지 도읍이었던 공주가 좁다고 생각되어 사비(지금의 충청남도 부여)로 도읍을 옮기고, 고구려에게 빼앗긴 아리수 유역의 옛 땅을 도로 찾을 계획을 세우고 있었습니다. 또 필요할 때 왜의 힘을 빌리기 위하여 왜에게 불교와 여러 문물을 전하도록 했습니다.

진흥왕은 백제의 성왕을 달래기 위해 사신을 보냈습니다.

"훗날, 만일 백제가 고구려에게 어려움을 당하면 우리 신라가 돕겠습니다. 부디 노여움을 푸소서."

백제로서는 신라가 괘씸했지만 뒤에 강국인 고구려가 있는 이상 신라의 화친을 거절할 수가 없었습니다.

이 때 마침 고구려에서는 양원왕을 둘러싸고 신하들 사이에 세력다툼이 일어나 큰 혼란에 빠졌습니다.

성왕은 빼앗긴 위례성을 되찾기 위해 즉시 서쪽으로 진격하도록 명령을 내렸습니다.

진흥왕 역시 신라의 영토를 넓힐 아주 좋은 때를 만났다고 생각하고 고구려의 사정을 잘 알고 있는 거칠부를 총사령관으로 임명하여 죽령과 조령을 넘어 동쪽으로 진격하도록 했습니다.

이 싸움에서 신라는 죽령 이북의 고구려 땅 10군을 빼앗고, 백제는 6군의 고구려 땅을 빼앗았습니다.

그러나 진흥왕은 이 정도로 만족할 수가 없었습니다. 2년 뒤인 진흥왕 14년(553)에 백제가 점령하고 있던 아리수 하류의 6군을 갑자기 쳐서 빼앗아 버렸습니다.

이로써 진흥왕은 오랫동안 마음 속에 품어 온 아리수 유역의 땅을 손에 넣게 되었습니다.

　백제 성왕은 끓어오르는 분노를 참을 수가 없었습니다. 이듬해에 성왕은 가야와 힘을 합쳐 신라의 관산성(지금의 충청북도 옥천)을 쳤으나 신라군에게 잡혀 어이없게 죽고 말았습니다.

　진흥왕은 이제는 가야 땅으로 눈을 돌렸습니다. 진흥왕은 장군 이사부에게 군사들을 총지휘하도록 명을 내렸습니다. 이 때 화랑 사다함이 선봉장으로서 싸움터에 나가 가장 큰 공을 세웠습니다.

　가야를 합침으로써 신라는 낙동강 유역의 경상 남북도 지방과 아리수(한강) 유역의 강원도, 경기도 지방을 완전히 차지하게 되었습니다.

　진흥왕은 그 동안 넓힌 땅을 두루 돌아보기 위해 장군과 신하들을 거느리고 아리수를 건너 북한산 서쪽 높은 봉우리에 올랐습니다. 앞에는 굽이쳐 흐르는 아리수가 보이고 저 멀리 넓은 들판이 끝없이 펼쳐져 있었습니다.

"꿈에서도 차지하고 싶었던 아리수 유역이 우리 신라의 땅이 되었구나. 이제는 바다 건너 중국과도 마음놓고 교류를 할 수 있게 되었도다."

진흥왕은 큰 소리로 껄껄 웃었습니다.

"이번 행차를 영원히 기념하고 후세에 길이 남게 이 봉우리에 기념비를 세우도록 하라."

백제와 고구려에 막혀 중국과 직접 교류하지 못했던 진흥왕은 곧 중국에 자신의 뜻을 전하고 돈독한 관계

를 맺어 갔습니다. 진흥왕은 여러 가지 제도를 다시 정비하고 또 필요에 따라 새로 만들기도 했습니다.

진흥왕 27년(566)에는 13년 만에 황룡사가 완공되었습니다. 진흥왕은 백성들에게 술과 떡을 나누어 주고 사면령을 내려 감옥에 있는 사람들을 풀어 주었습니다.

진흥왕 37년(576) 여름, 진흥왕이 갑자기 병이 들어 자리에 누웠습니다. 백성들은 가까운 절을 찾아 진흥왕의 병이 하루 속히 낫기를 기원했으나 병세는 더욱 악화되어 갔습니다.

9월 어느 날, 진흥왕은 왕자를 가까이 불렀습니다.

"왕도를 바로 지켜야 한다."

이 말을 남기고 진흥왕은 세상을 떠났습니다.

진흥왕은 신라가 삼국을 통일할 수 있는 터를 닦아 놓은 훌륭한 왕이었습니다.

백제를 멸망시킨
태종 무열왕

태종 무열왕 7년(660), 신라는 드디어 당나라와 연합하여 백제부터 공격하기 시작했습니다. 당나라 장수 소정방이 이끄는 13만 명의 당나라 군사와, 김유신이 이끄는 신라 군사 5만 명은 7월 10일 백제의 도읍 사비성에서 만날 것을 약속하고 진군해 갔습니다.

🌸 김유신의 동생과 결혼하다

"언니, 무슨 생각을 그렇게 해요?"

문희는 언니인 보희에게 물었습니다.

"이상한 꿈을 꾸었지 뭐야. 내가 서라벌 서악 꼭대기에 올라가 오줌을 누었는데, 온 장안이 그 오줌에 잠겨 버렸어."

"언니, 그 꿈 내게 팔아요. 비단 치마를 줄게요."

"너도 참, 이상한 꿈을 사겠다고 그래. 정 그러고 싶다면 맘대로 하렴……."

문희는 비단 치마를 가져다 보희에게 주었습니다.

"언니가 꾼 꿈은 이제 내 것이야!"

"그래."

이런 일이 있은 지 꼭 열흘 뒤였습니다.

김유신은 김춘추와 함께 자기 집 앞 뜰에서 공차기를 하다가 일부러 김춘추의 옷고름을 밟아 끊어지게 했습니다.

"이런, 내가 실수를 했습니다. 어서 안으로 들어가서 꿰매도록 합시다."

김유신은 김춘추를 집으로 데리고 들어가서 보희를 불러 옷고름을 달라고 했습니다.

"오라버니, 어찌 그런 일 때문에 귀공자를 가까이할 수 있겠습니까?"

보희는 부끄러워하며 나오지를 못했습니다.

김유신은 다시 문희에게 옷고름을 달도록 했습니다.

문희는 보희와 달리 아주 자연스럽게 김춘추의 옷고름을 정성껏 꿰매어 주었습니다. 김춘추는 문희에게 마음이 끌렸습니다. 그 후, 김춘추는 김유신의 집에 자주 드나들었습니다.

어느 날 김유신은 누이 문희가 김춘추의 아이를 가졌다는 사실을 알게 되었습니다.

"네가 부모님의 허락도 없이 그런 짓을 하다니, 이 무슨 망측한 일이냐?"

마침 바로 그 날, 선덕 여왕이 남산으로 산책을 나가게 되었습니다.

이 소문을 들은 김유신은 나뭇

단을 높이 쌓고 불을 질렀습니다. 그래서 서라벌 어느 곳에서나 치솟는 연기를 볼 수 있게 했습니다.

선덕 여왕은 신하에게 웬 연기냐고 물었습니다.

"김유신이 자기 누이가 아이를 가졌다고 불에 태워 죽이려 한다 하옵니다."

"저런, 그래 아이 아버지는 누구라 하더냐?"

이 때 선덕 여왕 곁에 있던 김춘추의 얼굴이 벌겋게 달아올랐습니다. 선덕 여왕은 김춘추가 바로 아이 아버지임을 알아

차리고 인자한 얼굴로 말했습니다.

"어서 달려가 김유신의 누이를 구하도록 하라."

김춘추 가문과 혼인 관계를 맺어 두 집안이 연결되기를 바랐던 김유신의 뜻이 결실을 맺는 순간이었습니다.

김춘추와 문희는 마침내 김유신의 바람대로 부부의 연을 맺었습니다.

눈부신 외교 활동

당시 신라는 북쪽으로는 강성한 고구려와 맞서 있었고, 서쪽으로는 백제와 다투고 있었습니다. 또한 남쪽에는 왜구의 세력이 만만찮았습니다.

그러던 중 먼저, 백제의 공격으로 당나라와의 통로인 당항성(지금의 경기도 화성)을 잃게 되었습니다. 다음에는 또 백제의 장군 윤충에게 대야성(지금의 경상남도 합천)까지 빼앗겨 매우 위급한 지경에 이르렀습니다.

대야성의 도독 김품석은 바로 김춘추의 사위였습니다. 이곳의 싸움에서 자신의 딸과 사위가 죽었으니 김춘추는 백제에 대해 아주 깊은 원한을 갖게 되었습니다.

  김춘추는 고구려의 도움을 얻어 백제의 공격을 막아 보려고 고구려로 향했습니다. 이 때가 642년 겨울이었습니다.

  당시 고구려에서는 연개소문이 왕을 제치고 왕 노릇을 하고 있었습니다.

  연개소문은 김춘추가 몹시 못마땅했습니다. 그래서 보장왕에게 신라와 손을 잡아서는 안 된다고 했습니다. 또 김춘추에게 이렇게 말하도록 했습니다.

  "본래 고구려 땅인 마목현(조령)과 죽령을 우리 고구려에 되돌려준다면 백제를 치기 위해 기꺼이 군사를 보내겠노라!"

  만약 그렇게 하지 않는다면 김춘추를 돌려보내지 않겠다고 위협하게 했습니다.

  "나라의 땅을 어찌 저 같은 신하 된 자가 돌려준다 어쩐다 말할 수 있겠습니까?"

김춘추는 감옥에 갇히고 말았습니다. 김춘추는 신라에서 가져온 비단을 이용하여 보장왕의 총애를 받는 선도해를 가까이 했습니다.

김춘추의 인품이 훌륭한 것을 알게 된 선도해는 김춘추를 구해 주고 싶은 생각이 들었습니다.

"옛 이야기에 별주부전이라는 것이 있지요. 토끼는 꾀를 써서 죽을 고비를 잘 넘겼습니다만……."

그 말에 김춘추는 크게 깨달은 바가 있어서 보장왕에게 글을 올렸습니다.

"마목현과 죽령은 원래 고구려의 땅이니 돌아가면 우리 왕께 청하여 돌려주도록 하겠습니다."

이 글을 읽은 보장왕은 크게 기뻐했습니다.

한편, 신라에서는 60일을 기약하고 떠난 김춘추가 기일이 다 되도록 돌아오지 않자, 김유신이 군사 3000명을 이끌고 아리수를 건너 고구려를 치기 위해 떠났습니다.

김유신이 쳐들어온다는 소식이 보장왕에게 전해지자, 김춘추의 맹세도 있고 해서 김춘추를 돌려보냈습니다.

김춘추는 국경에 이르러 거기까지 전송을 나온 고구려의 신하에게 말했습니다.

"나라의 땅을 사신이 어떻게 마음대로 할 수 있단 말인가? 전에 너희 왕께 올린 글은 내가 신라로 돌아가기 위한 방편이었다고 가서 말씀드려라."

결국 신라는 고구려에 구원을 청하려다가 오히려 고구려의 침략을 재촉한 결과가 되고 말았습니다.

이듬해, 고구려와 백제는 잃은 땅을 다시 찾겠다고 신라를 수없이 공격하여 신라의 형편은 더 어렵게 되었습니다.

신라는 할 수 없이 당나라에 구원을 요청했습니다. 그러나 당나라 태종은 고구려와 백제에 사신을 보내어 신라를 침략하지 말도록 권고만 할 뿐 싸울 군사를 보내 주지는 않았습니다.

647년에 김춘추는 다시 왜로 건너갔습니다. 백제와 손을 잡고 있는 왜를 외교적으로 이용하기 위해서였습니다. 김춘추는 백제를 고립시킨 다음, 고구려와 백제를 통합해 통일을 이

　루려는 꿈을 갖고 있었습니다.

　김춘추는 왜에 들어가 먼저 공작 한 쌍과 앵무새 한 쌍을 왜왕에게 선물했습니다. 사람들은 김춘추의 잘생긴 용모와 뛰어난 말솜씨에 호감을 나타냈습니다.

김춘추는 왜에서 일 년 동안 머물면서 왜가 백제를 돕지 않도록 하는 데 성공한 뒤 돌아왔습니다.

김춘추는 이듬해에 아들 법민(뒤에 문무왕)을 데리고 이번에는 당나라로 갔습니다.

김춘추가 당나라 태종에게 신라를 도와 군사를 보내 줄 것을 부탁하니 태종은 바로 허락했습니다.

김춘추가 당나라에 가 있는 동안 김유신은 백제로부터 성 20여 개를 빼앗고 3만여 명의 포로를 얻는 큰 전과를 올렸습니다.

앞을 내다보는 김춘추의 지혜와 싸워서 진 적이 없는 김유신의 용맹이 유감없이 드러나기 시작한 것입니다.

드디어 왕위에 오르다

654년, 진덕 여왕이 세상을 떠나고 그 뒤를 이어 김춘추가 태종 무열왕이 되었습니다.

태종 무열왕은 우선 여러 제도를 바꾸었습니다. 그리고 당나라와의 외교 관계를 강화해 나갔습니다.

한편, 당나라는 신라가 도움을 청하자, 이 기회에 한반도를 차지하겠다는 야심을 품고 있었습니다.

태종 무열왕도 그런 낌새를 전혀 못 알아차린 것은 아니지만 우선 통일을 이루기 위해서는 당나라의 힘을 빌릴 수밖에 없다고 생각했습니다.

태종 무열왕 7년(660), 신라는 드디어 당나라와 연합하여 백제부터 공격하기 시작했습니다. 당나라 장수 소정방이 이끄는 13만 명의 당나라 군사와, 김유신이 이끄는 신라 군사 5만 명은 7월 10일 백제의 도읍 사비성에서 만날 것을 약속하고 진군해 갔습니다.

신라군은 황산벌(지금의 충청남도 연산)에서 백제의 장군 계백의 강력한 저항에 부딪쳤습니다. 그래서 계획보다 하루 늦은 7월 11일 당나라군과 만나게 되었습니다. 이튿날 나당 연합군은 사비성을 공격하여, 13일에 성을 함락시키고 항복을 받았습니다. 이로써 백제는 역대 31왕, 나라를 세운 지 678년 만에 망하고 말았습니다.

태종 무열왕의 통일에 대한 꿈이 그 첫 번째 결실을 보게 되었습니다. 그러나 통일의 길은 그렇게 쉬운 것이 아니었습니다.

당나라가 그들의 야심을 채우기 위해 백제 땅에 다섯 개의 도독부를 설치했습니다. 나라를 잃은 백제의 백성들은 곳곳에서 들고일어나기 시작했습니다.

한편, 백제의 멸망을 보고 위협을 느낀 고구려가 무섭게 공격을 퍼부어 신라로서는 힘겨운 나날을 보내고 있었습니다.

그러는 가운데 661년 6월, 삼국 통일을 위해 평생을 바친 태종 무열왕은 갑자기 세상을 떠났습니다. 태종 무열왕은 통일의 터전을 다져 놓고, 58세에 세상을 떠나고 말았습니다.

삼국 통일을 이룩한
문무왕

문무왕 17년(677)에는 당나라 군사가 신성(지금의 무순)으로 쫓겨갔습니다. 이로써 문무왕은 당나라 세력을 한반도에서 완전히 몰아 내고 민족의 통일을 이뤄 냈습니다. 삼국 통일을 이뤄 낸 문무왕은 국가 체제를 정비하는 일에 힘썼습니다.

❀ 당나라 군사들을 몰아 내다

문무왕은 태종 무열왕의 맏아들로 그의 어머니는 바로 김유신의 누이동생 문희였습니다.

문무왕은 태자에 책봉되어 김유신 장군과 더불어 5만 명의 군사를 이끌고 백제를 멸망시키는 데 큰 역할을 했습니다.

당시, 아버지를 따라 당나라에 가기도 했고, 아버지가 신라에 돌아온 후에도 당나라에 남아서 신라와 당나라가 우호 관계를 맺도록 힘을 다했습니다.

문무왕은 김유신과 당나라 군사의 힘을 빌려 고구려를 쳐들어갔습니다. 그 당시 고구려는 연개소문이 죽은 후 남생 형제들의 싸움으로 힘이 약해져 있었습니다. 몇 달 동안 치열한 싸움이 이어진 끝에 문무왕 8년(668)에 결국 고구려의 보장왕은 항복을 하고 고구려는 멸망하게 되었습니다.

이렇게 해서 신라는 백제와 고구려를 모두 무찔러 통일의 꿈을 달성했습니다. 그러나 삼국을 통일하기 위해 불러들인 당나라 군사들을 어떻게 내쫓느냐 하는 어려운 문제가 남게 되었습니다.

백제가 멸망했을 때 백제 땅을 차지하려 했던 당나라는 고구려의 평양성이 함락되자, 이번에는 고구려의 땅을 마치 자기네 땅인 것처럼 다스리려고 했습니다.

이렇게 되자, 당나라의 세력을 몰아 내고 민족을 완전히 통일하고자 하는 문무왕의 의지와 결심은 더욱 굳어졌습니다.

문무왕은 고구려 사람들을 받아들여 당나라 세력을 몰아 내는 데 전력했습니다. 문무왕은 그러한 의도에서 부흥을 꾀하는 고구려의 남은 세력을 뒤에서 밀어주었습니다.

　문무왕 12년(672), 당나라는 고구려 땅을 차지할 속셈으로 장군 고간, 이근행 등 4만 명의 군사를 보내어 평양에 진을 치게 했습니다. 신라군은 백수성(지금의 예성강 어구) 부근에서

당나라군을 크게 무찔렀습니다. 이 무렵은 벌써 백제 땅에 있던 당나라 세력을 거의 몰아 낸 후였습니다. 또한 북으로는 고구려 땅 남경을 당나라로부터 다시 빼앗았습니다. 이 전투에서는 김유신의 아들 원술이 큰 공을 세웠습니다.

문무왕 15년(675) 9월에는 서해를 통해 들어온 설인귀가 이끄는 당나라군과 싸워 크게 이김으로써 바다의 세력도 장악하게 되었습니다.

그 후, 당나라 세력은 점점 약화되어 갔습니다. 문무왕 17년(677)에는 당나라 군사가 신성(지금의 무순)으로 쫓겨갔습니다. 이로써 문무왕은 당나라 세력을 한반도에서 완전히 몰아 내고 민족의 통일을 이뤄 냈습니다.

삼국 통일을 이뤄 낸 문무왕은 국가 체제를 정비하는 일에 힘썼습니다.

🌸 나라를 지키는 바다의 용이 되다

삼국을 통일한 후 문무왕은 사람들에게 상과 벼슬을 골고루 나누어 주었습니다. 병기를 녹여 농기구를 만들게 하고 세금을 가볍게 하고 부역을 덜어 주었습니다. 오랜 전쟁이 끝나고 나라의 안정이 이루어졌습니다.

왕은 죽음이 가까워지자 다음과 같이 말했습니다.

"내가 죽은 뒤 10일이 되면 창고가 있는 문 밖 뜰에서 불교 의식으로 화장하되 아주 검소하게 하라. 변두리의 성과 주·현에서 거두는 세금은 필요하지 않을 때는 없애도록 하고, 불편한 것이 있으면 곧 편리하게 법을 고치고, 그 뜻을 널리 알려 시행토록 하라. 그리고 내가 죽거든 동해 바다에 장사 지내라. 죽어서도 나라를 지키는 용이 되어 왜적을 막겠노라."

문무왕의 유언대로 동해의 큰 바위 위에 장사를 지냈습니다. 후세 사람들은 그 바위를 대왕암이라 불렀습니다.

문무왕의 아들 신문왕은 아버지를 위하여 대왕암 가까운 곳에 감은사라는 절을 세웠습니다. 이 절은 처음에 문무왕이 왜적을 물리치려고 짓기 시작했는데, 끝내 완공을 보지 못한 것을 신문왕이 아버지의 뜻을 받들어 완공한 것입니다.

문무왕의 바닷속 무덤의 실제 모습은 오랫동안 밝혀지지 않았습니다.

그러다가 1967년 5월에 경상북도 경주시 봉길리 앞바다 대왕암에 특이한 방식으로 안장되어 있는 것을 발견하게 되어 세상에 널리 알려졌습니다.

미륵불의 화신
궁예

궁예의 세력은 한반도의 3분의 2를 차지할 정도로 커졌습니다.
나라의 기틀도 훌륭하게 잡았습니다. 그러나 궁예는 나라가 안정되어 갈수록
점점 사치스럽고 포악하게 변해 갔습니다. 스스로 미륵불이라 하고
큰 아들을 청광 보살, 작은 아들을 신광 보살이라 불렀습니다.

애꾸눈이 된 왕자

"아니, 이 빛은 무엇인가?"

긴 무지개처럼 흰 빛이 지붕을 지나 하늘 위까지 뻗쳐 있었습니다. 그 빛이 나오는 곳은 신라 제47대 헌안왕 후궁의 친정 집이었습니다.

"오늘 낳은 아기한테서 나온 빛입니다."

사람의 운수와 천기를 보는 일관이 대답했습니다.

"아기가 태어난 날도 단옷날로 심상치 않거니와 이가 나 있

고, 태어난 방에서 이상한 빛이 나왔습니다. 이 아기는 장차 나라에 이롭지 못할 것이니 키우지 마십시오."

헌안왕은 아기를 죽이도록 신하에게 명령했습니다. 신하는 곧장 달려가 아기를 다락 아래로 던져 버렸습니다.

이 때, 유모가 몰래 다락 밑에 숨어 있다가 떨어지는 아기를 얼른 받아 안았습니다. 그런데 아기가 떨어질 때 그만 한쪽 눈이 유모의 손가락에 찔렸습니다. 상처가 깊었는지 아기의 눈은 낫지 못하고 그만 한쪽 눈이 멀고 말았습니다.

유모는 아기를 안고 허둥지둥 먼 시골로 도망쳤습니다. 아기는 궁예라고 불리며 시골에서 건강하게 자라났습니다.

어느덧 궁예가 10세가 되었습니다. 나이가 들면서 궁예는 장난이 점점 심해졌습니다.

어느 날 유모는 궁예를 방 안에 불러 앉히고 그 앞에 정중하게 꿇어앉았습니다.

"도련님! 저는 어머니가 아니라 유모입니다. 도련님은 임금님의 고귀한 피를 받고 태어난 왕자이십니다."

유모는 그 동안에 일어났던 일을 모두 말해 주었습니다.

"도련님은 장난이 도를 지나칠뿐더러 갈수록 심하시니, 만약에 사람들이 도련님의 신분을 알기라도 하는 날에는 우리 둘 다 죽게 될 것입니다."

유모는 울면서 말을 맺었습니다. 궁예도 눈물을 흘렸습니다.

궁예는 눈물을 거두고 잠깐 숨을 돌리더니 말을 이었습니다.

"제가 집을 떠나겠습니다. 어머니께 더 이상 걱정을 끼쳐드리지 않겠습니다."

궁예는 집을 떠나 깊은 산 속에 있는 세달사로 들어갔습니다. 그 절에서 중이 되어 선종이란 법호로 이름을 바꿨습니다.

여러 해 동안 스님들의 시중을 들면서 맺힌 한을 풀기 위해 남몰래 힘을 길렀습니다. 궁예는 성격이 활발하고 담력이 있어 절의 규칙에 얽매이지 않고, 무예도 열심히 익혔습니다.

어느 날 절에서 재를 지냈습니다. 궁예는 바리때(절에서 쓰는 중의 공양 그릇)를 들고 법당으로 가고 있었습니다. 그 때 날아가던 까마귀가 갑자기 물고 있던 상아 조각을 궁예의 바리때 속에 떨어뜨리는 것이었습니다. 궁예는 그것을 얼른 집어 보았습니다. 그 상아 조각에는 놀랍게도 '王(왕)' 자가 쓰여 있었습니다.

궁예는 다른 사람이 볼까 봐 얼른 그 조각을 감추었습니다. 그러나 궁예의 마음 속에는 임금이 되고야 말리라는 결심이 섰습니다.

🌼 왕의 꿈을 이루다

그 즈음, 신라는 국력이 날로 시들어 도적의 무리가 곳곳에서 일어나기 시작했습니다. 농민들은 논밭을 버리고 떠돌다가 도적의 무리가 되었습니다. 그래서 사방 곳곳에서 도적 떼가 걷잡을 수 없이 날뛰었습니다.

'드디어 때가 온 것 같다. 이럴 때 무리를 하나로 뭉치게 하면 내 뜻을 펼 수 있을 것이야.'

드디어 궁예는 절에서 나왔습니다. 진성 여왕 5년(891) 때의 일이었습니다.

궁예는 죽주(지금의 경기도 안성) 일대에 세력을 떨치고 있는 도적 기훤의 부하가 되었습니다. 그러나 기훤은 건방지고 오만하기만 할 뿐, 궁예의 사람됨과 큰 포부를 알아보지 못했습니다.

궁예는 그 곳에서 나와 북원(지금의 강원도 원주)의 도적 양길의 부하가 되었습니다. 양길은 궁예의 뛰어난 재주를 첫눈에 알아보고 후하게 대우하며 일을 맡겼습니다.

궁예는 즐거운 일이나 궂은 일이나 부하들과 함께했습니다. 빼앗은 물건은 조금도 탐내지 않고 골고루 나누어 주었고, 공과 사를 엄격히 구분했습니다.

부하들을 친형제처럼 아끼고, 항복해 오는 적을 받아들여 후하게 대접했습니다. 항복한 성의 주민들도 잘 다스려, 궁예를 따르는 사람들이 자꾸만 늘어났습니다.

궁예의 명성이 높아지자, 각지의 장수들도 무리를 끌고 와서 부하가 되었습니다.

그 때쯤 궁예는 양길에게서 떨어져 나와 독립된 우두머리가 되었습니다.

'이제야 내 뜻을 펼 날이 왔구나.'

궁예는 나라를 세우고 스스로 왕이 되었습니다. 그리고 관직을 정하여 공적에 따라 벼슬을 내렸습니다.

또한 왕건이 송악(지금의 황해도 개성)으로부터 궁예에게로 와 항복했습니다. 궁예는 왕건을 철원군 태수의 자리에 앉혔습니다. 궁예는 한강 이북에서 가장 경치가 뛰어난 송악에다 도읍을 정했습니다. 이듬해, 송악성을 수리하고 왕건을 정기

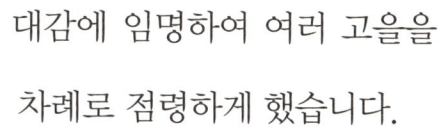

대감에 임명하여 여러 고을을 차례로 점령하게 했습니다.

한편, 양길은 북원에 있으면서 아직도 30여 성을 다스리고 있었는데, 궁예가 날로 영토를 넓히고 많은 백성을 거느리자 크게 노여워했습니다.

양길은 궁예를 몰래 공격하려고 했습니다.

그러나 궁예가 이 사실을 미리 알아차리고 재빨리 군사를 일으켜 이들과 일대 결전을 벌였습니다. 이 싸움에서 양길의 군사들은 크게 져서 도망쳤습니다.

궁예는 싸울 때마다 이겼습니다. 궁예는 완산주(지금의 전라북도 전주)를 근거로 후백제를 세운 견훤과도 싸워 큰 승리를 거둠으로써 기반을 더욱 튼튼히 했습니다.

🌸 비극적인 최후

901년, 궁예는 송악에 도읍을 정하고 후고구려를 세웠습니다. 그리고 얼마 뒤, 나라 이름을 마진으로 바꿨다가, 다시 태봉이라 고쳤습니다.

궁예는 신라를 멸망할 나라라 하여 멸도라고 부르게 하고, 신라에서 넘어오는 사람들은 모조리 목숨을 빼앗았습니다.

궁예의 세력은 한반도의 3분의 2를 차지할 정도로 커졌습니다. 나라의 기틀도 훌륭하게 잡았습니다.

그러나 궁예는 나라가 안정되어 갈수록 점점 사치스럽고 포악하게 변해 갔습니다. 스스로 미륵불이라 하고 큰 아들을 청광 보살, 작은 아들을 신광 보살이라 불렀습니다.

궁예는 또한 경문 20여 권을 지어 퍼뜨리게 했습니다. 백성들에게 존경받고 있던 석총 스님은 '궁예의 말은 모두 엉터리며, 괴상스러운 것이어서 따를 것이 없다.'고 했다가 비참하게 목숨을 잃었습니다.

궁예의 행동을 바로잡으려고 충고하던 부인 강씨도 아주 잔

인하게 죽음을 당했습니다. 궁예는 강씨의 두 아들마저도 살려 두지 않았습니다.

궁예는 점점 의심이 많아지면서 사람의 마음을 꿰뚫어 보는 관심법을 핑계삼아, 걸핏하면 죄 없는 신하와 장군들을 역적으로 몰아 죽였습니다.

궁예가 백성과 신하들의 믿음과 덕망을 잃게 되자, 918년에 여러 신하들은 왕건을 내세워 왕으로 삼았습니다.

궁예는 평민의 옷으로 갈아입고 겨우 목숨만 부지하여 허겁지겁 궁궐을 빠져 나갔습니다. 깊은 산 속으로 도망친 궁예는 마침내 부양(지금의 강원도 평강) 사람들에게 잡혀 죽었습니다.

혼란한 세상을 틈타서 군사를 일으켜 남북으로 말을 달리며 북진을 외치던 궁예는, 나라를 세운 지 18년 만에 처참하게 일생을 마치고 말았습니다.

백제 부흥을 꾀한
견훤

견훤의 영토는 날이 갈수록 넓어졌고 세력은 커졌습니다. 견훤이 완산주(지금의 전라북도 전주)에 이르렀을 때는 백성들이 몰려 나와 크게 환영했습니다. 백성들은 무능하고 썩은 신라 조정에 싫증을 느끼고 있었습니다. 그래서 세상이 바뀌기를 간절히 바라고 있었습니다. 견훤은 백성들의 생각을 잘 알고 있었습니다.

🌺 호랑이가 젖을 먹인 아이

"아기야, 잠깐만 여기 있거라. 엄마가 들에서 일하시는 아버지께 진지 드리고 올게."

견훤의 어머니는 견훤을 나무 밑에 뉘이며 말했습니다. 견훤은 순한 아이인지라 어머니는 별로 걱정하지 않았습니다. 그런데 돌아와 보니 나무 밑에 호랑이가 있었습니다.

부인의 비명 소리를 듣고 남편인 아자개도 놀라서 달려왔습니다.

"여보, 덩치가 집채만 한 호랑이가 우리 아이에게 젖을 먹이고 있어요."

무서움을 무릅쓰고 가까이 다가간 부부는 놀라고 말았습니다.

"세상에, 저럴 수가 ……."

부부가 놀라는 사이, 호랑이는 만족한 표정을 짓는 아기를 뒤로 하고 숲 속으로 어슬렁어슬렁 사라졌습니다.

그제야 부부는 정신을 차리고 아기 곁으로 달려갔습니다.

"이 아이는 장차 커서 큰 인물이 될 게 분명하오. 호랑이처럼 사나운 짐승이 아이를 알아보니 말이오."

한참 만에 아버지 아자개가 말했습니다.

견훤이 태어날 무렵 아자개는 농사를 짓는 농부였으나 뒤에 출세하여 장군이 되었습니다.

견훤은 자랄수록 몸집이 남달리 크고 건장했습니다. 몸집만 큰 것이 아니라 생각하는 것도 보통 아이와는 달랐습니다.

아자개는 견훤에게 일찍부터 활쏘기, 칼과 창 쓰기, 말달리기 등 무예를 익히도록 하고 밤에는 책을 읽도록 했습니다.

그렇게 몸과 마음을 닦으며 자란 견훤은 청년이 되자, 장수가 되겠다는 뜻을 세우고 서라벌로 갔습니다. 그러고는 곧바로 싸움터에 뛰어들었습니다.

견훤은 잠자리에 들어서도 늘 창을 베개삼아 적의 침입에 대비했고, 싸움이 있을 때마다 앞장서서 크게 활약했습니다. 그 공로로 드디어 장수를 곁에서 돕는 비장으로 뛰어올랐습니다.

그 즈음부터 신라의 운명은 기울기 시작했습니다.

진성 여왕 6년(892), 26세의 청년 장수가 된 견훤은 마침내 큰 뜻을 펼 때가 왔다고 생각했습니다. 견훤은 스스로 무리를 모아 영토를 차지하고 왕이 되려고 했습니다.

때를 기다리던 견훤은, 서남쪽에서 출몰하는 도적을 친다는 핑계로 군사를 움직여서 마침내 반란의 깃발을 높이 들었습니다.

백제 재건의 깃발을 세우다

"신라는 이미 늙고 병들었다. 새 나라를 일으켜 백성을 살리고 어진 왕을 모셔야 한다!"

사람들은 견훤이 나타나기만 하면 열렬히 환영했습니다. 불과 한 달 사이에 부하 군사를 5000명이나 거느리게 되었습니다.

견훤의 영토는 날이 갈수록 넓어졌고 세력은 커졌습니다.

견훤이 완산주(지금의 전라북도 전주)에 이르렀을 때는 백성들이 몰려 나와 크게 환영했습니다. 백성들은 무능하고 썩은 신라 조정에 싫증을 느끼고 있었습니다. 그래서 세상이 바뀌기를 간절히 바라고 있었습니다. 견훤은 백성들의 생각을 잘 알고 있었습니다.

"우리나라는 삼국 중에 제일 먼저 일어났다. 이렇게 육백 년이나 내려온 백제를 신라가 당나라 군사를 끌어들여 멸망시켰다. 그러니 오늘날 내가 어찌 옛 의자왕의 원한을 풀지 않을 수 있겠는가?"

견훤은 이렇게 말하고, 스스로 임금이 되어 완산주에 도읍을 정하고 후백제를 세웠습니다. 견훤의 나이 서른넷, 뜻을 세우고 집을 나온 지 10년 만에 놀랍게도 큰 성과를 거두었습니다.

견훤은 곧 모든 관서를 설치하고, 공을 세운 부하들에게 벼슬을 주어 나라의 기틀을 잡았습니다.

이 무렵 궁예도 철원에서 나라를 세워 왕이 되었습니다. 궁예와 견훤에게 나라의 대부분을 빼앗긴 신라는 지금의 경상남북도를 겨우 차지한 작은 나라로 밀려나고 말았습니다. 견훤은 재빨리 외교 활동을 벌였습니다. 나라를 세우자마자 중국 오월에 사신을 보냈습니다.

918년, 왕건이 궁예를 몰아 내고 고려를 세우자, 견훤은 중국 오월에 선물과 함께 다시 사신을 보냈습니다. 6년 뒤에는 후당에도 사신을 보냈습니다. 큰 나라인 중국으로부터 인정을 받고, 국제적인 지위를 높이려는 생각에서였습니다. 오월과 후당에서는 견훤을 인정하고 벼슬을 주었습니다.

견훤은 또 왕건이 왕위에 오르자, 신하를 보내어 축하의 뜻을 전하고 부채와 대나무 화살을 선물했습니다. 왕건의 고려와 충돌하는 것을 피하려는 뜻에서였습니다.

다른 한편으로 견훤은 끊임없이 신라의 여러 성을 공격했습니다. 927년 9월에는 직접 근암성(지금의 경상북도 문경)과 고울부(지금의 경상북도 영천) 등을 쳐서 성을 불사르고 신라의 서울인 서라벌(지금의 경상북도 경주) 근처까지 밀고 내려갔습니다.

신라의 경애왕은 급히 왕건에게 구원을 청했으나 왕건의 구원병이 도착하기도 전에 견훤은 서라벌을 짓밟았습니다.

경애왕은 급히 왕비와 후궁들을 거느리고 궁궐을 버리고 도망쳤습니다. 그러나 견훤의 손아귀를 벗어날 수는 없었습니다.

견훤에게 붙잡힌 경애왕은 스스로 목숨을 끊었습니다. 궁궐의 보물들을 모조리 약탈당하고, 신라의 서울 서라벌은 순식간에 울음과 비명 소리로 아수라장이 되었습니다.

견훤은 경애왕의 동생뻘인 김부를 신라 왕으로 앉혔습니다. 그리고 왕의 아우 효렴과 재상 영경 등을 인질로 잡아 완산주

로 돌아왔습니다. 신라의 수많은 보물은 물론 여자와 기술자들도 함께 끌고 왔습니다.

　견훤이 서라벌을 쳐서 경애왕을 죽였다는 소식을 들은 왕건은 공산(지금의 경상북도 팔공산)에서 기다리고 있다가 돌아가는 견훤을 공격했습니다. 하지만 승전의 기쁨으로 사기가 하늘을 찌를 듯 높은 견훤의 군사를 당해 낼 수는 없었습니다.

　고려의 장수 신숭겸과 김락이 죽고, 많은 고려 군사들이 목숨을 잃었습니다. 왕건은 간신히 목숨을 건져 도망칠 수가 있었습니다.

🌸 아들들이 재촉한 최후

 견훤이 후백제를 세운 지도 어느덧 30여 년, 나이도 이미 60세가 넘었습니다. 그 사이, 헤아릴 수 없을 정도의 싸움이 벌어졌지만 세 나라가 차지한 영토에는 큰 변동이 없었습니다.

 그 동안 묵묵히 실력을 쌓으며 기회를 엿보던 고려의 왕건은 공격 태세를 갖추기 시작했습니다.

 견훤은 왕건에게 사람을 보내어 앞으로 화친을 맺고 싸우지 말자고 했습니다. 그러나 왕건은 경애왕을 죽이고 신라의 보물을 약탈한 견훤의 행동을 꾸짖는 답장을 보내 왔습니다.

 견훤은 화가 났습니다.

 "제놈이 뭔데 아니꼽게 나에게 포악한 짓이었다니 뭐니 한단 말인가!"

 견훤은 이듬해 5월에 강주(지금의 경상남도 진주)를 공격해서 장군 유문에게 항복을 받아 냈습니다. 같은 해 8월에는 관흔 장군에게 명하여 양산성을 쌓게 했으나, 왕건의 장군 왕충에게 밀려 대야성(지금의 경상남도 합천)으로 철수하지 않을 수 없었습니다.

그 해 11월, 견훤은 직접 실력이 출중한 군사를 가려 뽑아 부곡성(지금의 경상북도 의흥)을 쳐서 함락시켰습니다. 그러자 신라 장수 양지와 명식 등이 군사를 끌고 와 견훤에게 항복했습니다. 견훤은 다시 의성부를 공격하여 성주 홍술을 죽이고 성을 빼앗았습니다. 견훤은 그 기세를 몰아 고창군(지금의 경상북도 안동) 병산 기슭에 진을 쳤습니다.

그러나 이 싸움에서 순식간에 견훤의 군사 8000여 명이 다치거나 죽고, 견훤은 간신히 포위망을 벗어나 도망쳤습니다. 이 싸움의 승리로 고려는 30여 성을 영토로 만들었습니다. 도망치던 견훤은 매우 어렵게 군사를 수습해 고려의 순주성(지금의 전라북도 풍산)을 빼앗았습니다.

이 즈음, 견훤의 신하 공직이 왕건에게 항복했습니다. 공직은 견훤이 매우 아끼는 신하로 지략이 뛰어나고 용감한 사람이었습니다.

934년 정월, 견훤은 왕건이 주둔해 있는 운주(지금의 충청남도 홍성)를 쳐들어갔으나 지고 말았습니다. 견훤이 패전했다는 소문을 듣고 웅진(지금의 충청남도 공주) 이북의 30여 성이 스스로 왕건에게 항복해 왔습니다. 게다가 견훤을 따르던 부하 장군 최필을 비롯해서 의사와 술사가 왕건에게 항복했습니다.

이럴 때 결정적인 몰락의 계기가 견훤의 궁궐 안에서 일어났습니다. 견훤의 세 아들 신검, 양검, 용검이 반란을 일으킨 것입니다.

견훤은 아들을 10여 명이나 두었습니다. 그 중에서도 견훤은 지략이 뛰어나고 훤칠한 넷째 아들 금강을 가장 사랑했습니다. 견훤은 장차 금강에게 왕의 자리를 물려줄 생각을 하고 있었습니다.

그것이 늘 불만이었던 세 아들은 아버지 견훤을 금산사에 가두어 반역을 일으키고, 견훤이 가장 사랑하는 넷째 아들 금강의 목숨을 빼앗았습니다. 견훤이 후백제를 세운 지 44년 만인 935년 3월의 일이었습니다.

견훤은 석 달 동안 금산사에 갇혀 있다가 같은 해 6월 탈출

해 왕건을 찾아갔습니다. 왕건은 즉시 견훤을 맞아들였고, 예를 갖추어 대우했습니다. 이 때 견훤의 사위인 장군 박영규가 왕건에게 몰래 사람을 보내 편지를 전달했습니다.

'만약 후백제를 치시면, 저는 안에서 맞이하여 치겠사옵니다.'

견훤이 왕건에게 말했습니다.

"이 늙은 몸이 전하에게 몸을 의지하고 있는 까닭은 전하의 힘을 빌려 반역한 자식을 베기 위함이옵니다. 전하께서는 군사를 움직여 이 늙은이의 소원을 풀어 주소서."

왕건은 바라던 말이라 기쁘기 짝이 없었습니다. 왕건은 태자 무와 장군 박술희에게 1만 명의 군사를 주어 싸우게 했습니다. 9월에는 왕건 스스로 3군을 거느리고 일선(지금의 경상북도 선산)으로 쳐들어갔습니다.

견훤의 세 아들은 끝내 장군 부달, 소달, 능환 등 40여 명을 끌고 나와 항복했습니다. 견훤의 쓰라린 심정은 병으로 이어졌습니다. 등에 큰 부스럼이 생긴 견훤은 황산(지금의 충청남도 연산)의 절에서 숨을 거두었습니다. 그의 나이 70세였습니다.

어린이 삼국사기 1

1판 1쇄 인쇄 | 2007. 3. 26.
1판 15쇄 발행 | 2019. 4. 27.

어린이 삼국사기 편찬위원회 글 | 최수웅 그림
한국역사연구회 추천 및 감수

발행처 김영사 | 발행인 고세규
등록번호 제 406-2003-036호 | 등록일자 1979. 5. 17.
주소 경기도 파주시 문발로 197(우10881)
전화 마케팅부 031-955-3100 | 편집부 031-955-3113~20 | 팩스 031-955-3111

ⓒ 2007 김영사
이 책의 저작권은 김영사에게 있습니다.
서면에 의한 김영사의 허락 없이 내용의 일부를 인용하거나 발췌하는 것을 금합니다.

값은 표지에 있습니다.
ISBN 978-89-349-2272-8 74900

좋은 독자가 좋은 책을 만듭니다. 김영사는 독자 여러분의 의견에 항상 귀 기울이고 있습니다.
독자의견전화 031-955-3139 | 전자우편 book@gimmyoung.com | 홈페이지 www.gimmyoungjr.com
어린이들의 책놀이터 cafe.naver.com/gimmyoungjr | 드림365 cafe.naver.com/dreem365

어린이제품 안전특별법에 의한 표시사항

제품명 도서 제조년월일 2019년 4월 27일 제조사명 김영사 주소 10881 경기도 파주시 문발로 197
전화번호 031-955-3100 제조국명 대한민국 ⚠주의 책 모서리에 찍히거나 책장에 베이지 않게 조심하세요.